弘一大師的超脫之學

新修版

羅金 著

弘一大師的超脫之學

〔目錄〕

弘一大師的超脫之學

（目錄）

弘一大師的超脫之學

〔目錄〕

【第十五章】放下生死，把握生命的實質

【第十六章】在方中做人，在圓中變通

前言

春天來的時候，迎著和煦的春風出去走走，把那些想不通的事暫時先放下。
夏雨過後，品一品空氣中久已熟悉的泥土芬芳，你會感到前所未有的踏實。
秋日，雖然那些曾經非常茂密的翠綠落了滿地，但果實卻沉甸甸地掛在了枝頭。
冰雪的寒冷，銀妝素裹的大地更具一份靜遠的詩意。

……

當我們發現生活是一首優美的樂曲，一定有一種叫做「放下」的音符存在；當我們開始領悟生命是一首好詩的時候，千萬別忘了，「放下」就是它的靈魂。

放下，是一種生活的智慧。放下，不是無奈，更不是放棄。

放下，是一種大度，是一種徹悟，是一種靈性。放下，是恬淡中的高貴，平靜中的豪氣，寂寞時的堅守，成功路上的選擇。

……

既然我們知道「放下」這麼重要，那麼我們到底該「放下」什麼呢？

1

我們先來看看弘一法師「放下」了什麼。

說起弘一法師，很多人馬上就會想到另一個名字——李叔同。他出身富商之家，年輕時錦衣玉食；他愛好廣泛，在音樂、戲劇、美術、詩詞、篆刻、金石、書法、教育、哲學等領域，均有不凡造詣。

「長亭外，古道邊，芳草碧連天」，一首《送別》更是感動著許多人。然而，就是這樣一位絕世才子，中年時卻突然棄絕紅塵、遁入空門。過起了一領衲衣、一根藜杖的苦行僧生活，甘淡泊、守枯寂。

有人不解，法師爲什麼要「放下」榮華富貴而選擇出家修行呢？

2

在生命最繁華的一刻，「放下」人人稱羨的卓越成就，出家爲僧，從社會現實的角度來看，李叔同的出家是一個謎；但與法師最爲親近、受其影響最深的學生豐子愷卻認爲，他的這一行爲是理所當然的。

豐子愷以「人生三層樓」譬喻李叔同之出家，他說：

「世間人如我們，在人生旅途中總是忙著佔有，一路抓、一路丟，連手上拿著的也從未看清楚。但李叔同不一樣，他凡事認真踏實，因此『做一樣，像一樣』，完成一樣便不再回頭，因此沒有遺憾。他出家，是從物質到藝術到宗教的層層昇華，透過一次又一次地放下與超越，脫了戲服卸了妝，他做回了真實的自己，也更貼近了世間。」

從出家到圓寂的廿四年中，弘一法師潛心修行、精研律學、弘揚佛法、普度眾生，使失傳多年的佛教南山律宗再度復興。他被佛門弟子奉爲律宗第十一代世祖，爲世人留下了無盡的精神財富。

出家後，法師放下塵世的一切，甘願過著常人難以想像的清苦生活，身體力行地參悟人生。而弘一法師的一生，確實也像一泓泉水般靜靜地流過。一如他的詞：「清涼水，清水一渠，滌蕩諸污穢。今唱清涼歌，身心無垢樂如何！」

3

佛經曰：「四心乃慈悲心、無量心、無常心、捨得心。吾等修身養性的境界在於能大慈以眾生之樂爲樂，能大悲以眾生之苦爲苦，能大喜以眾生離苦得樂而喜，能大捨以眾生得失爲捨。」

我們常說，不是我想有這麼多的煩惱，只是人生有太多的牽掛和無奈。其實，人生沒有什麼不可以「放下」的，小到鄰里之間的糾紛，大到生老病死，你放下也好，放不下也好，其結局並沒有什麼改變。不同的是，「放下」的人，收穫了一份輕鬆和快樂，而「放不下」的人，只能一輩子背著「包袱」過日子。

那麼，就讓弘一法師來教我們如何「放下」吧！

【第一章】

「修行」之路，始於「放下」

人生最大的敬佩是「拿得起」，生命最大的安慰是「放得下」。

持戒的真正目的，是讓你解脫，

而不是要你在外相上打轉，以及看別人的過失。

唯有持戒、禪定、智慧，才能遠離眾過。

1 放下過去的煩惱，捨棄未來的憂思

把過去交給過去，把未來交給未來。
——弘一法師

有人曾請教弘一法師：「有形的東西一定會消失，那麼世上會有永恆不變的真理嗎？」弘一法師回答道：「山花開似錦，澗水湛如藍。」

如錦緞般盛開的鮮花，雖然轉眼便會凋謝，但依然不停地奔放綻開；碧玉般的溪水，雖然映照著同樣蔚藍如洗的天空，卻每時每秒都在發生變化。

世界是美麗的，但所有的美麗似乎都會轉瞬而逝。這也許會讓人傷感，但生命的意義的確在於過程。時間像是一支離了弦、永不落地的箭，是單向的，不能回頭，所以我們要把握住現在、今朝，認真地活在當下。能夠抓住瞬間消失的美麗，就是一種收穫。

從前，有個小和尚每天早上負責清掃寺廟院子裏的落葉。清晨起床掃落葉實在是一件苦差事，尤其在秋冬之際，每一次起風時，樹葉總隨風飄落。

每天早上，小和尚都需要花費許多時間才能清掃完樹葉，這讓他頭痛不已。他一直想要找個好辦法讓自己輕鬆些。

有個和尚跟他說：「你在明天打掃之前先用力搖樹，把落葉統統搖下來，後天就可以不用掃落葉了。」

小和尚覺得這是個好辦法，於是隔天他起了個大早，使勁地搖樹，覺得這樣他就可以把今天跟明天的落葉一次掃乾淨了。那一整天，小和尚都非常開心。

可是第二天，小和尚到院子裏一看，不禁傻眼：院子裏如往日一樣落葉滿地。

這時老和尚走了過來，對小和尚說：「傻孩子，無論你今天怎麼用力搖，明天的落葉還是會飄下來的。」

小和尚終於明白了，世上有很多事是無法提前預支的，無論歡樂與愁苦，唯有認真地活在當下，才是最真實的人生態度。

明天的落葉，怎麼能在今天全部掃乾淨呢？再勤奮的人也不能在今天處理完明天的事情，所以，不要預支明天的煩惱，認真地活在今天，比什麼都重要！放下過去的煩惱，捨棄未來的憂思，順其自然，把全部精力用來承擔眼前的這一刻，因為失去此刻便沒有下一刻，不能珍惜當下也就無法嚮往未來。

曾有人問弘一法師：「什麼是活在當下？」

弘一法師回答說：「吃飯就是吃飯，睡覺就是睡覺，這就叫活在當下。」仔細想來，人生最重要的事情不就是我們現在做的事情嗎？最重要的人不就是現在和我們在一起的人嗎？而人生最重要的時間不就是現在嗎？

那些張惶失措的觀望、心無定數的期盼，除了妄想以外，幾乎不能給人們帶來什麼快樂，反倒是那些懂得路在腳下的人，往往能夠踏踏實實地走好每一步。

一位老禪師帶著兩個徒弟，提著一盞燈籠行走在夜色中。

一陣風吹來，燈籠被吹滅了。

徒弟擔心地問：「師父，怎麼辦？」

師父淡淡地說：「看腳下！」

是的，當一切變成黑暗，後面的來路與前面的去路都看不見、摸不著的時候，我們要做的就是，看腳下，看今生！

2 欲學佛，先「放下」求功德心

持戒的真正目的，是讓你解脫，而不是要你在外相上打轉，以及看別人的過失。唯有持戒、禪定、智慧，才能遠離眾過。

——弘一法師

佛語中講到，修煉的人在修行中如果不能放下七情六欲，就無法達到博大精深的境界。只有懂得放下，才能體會佛家箴言。

當釋迦牟尼還在人世的時候，有一位叫作婆羅門的來到他面前。

這個婆羅門運用自己的神通，兩隻手各拿了一個大花瓶前來獻佛。

佛陀大聲地對婆羅門說：「放下！」

婆羅門於是聽從指教，將左手拿的那個花瓶放在地上。

佛陀又說：「放下！」

婆羅門又聽從指教，將右手拿的那個花瓶也放到了地上。

然而，佛陀還是跟他說：「放下！」

婆羅門無奈地回答：「我已經兩手空空，沒有什麼可以再放下了，為何你還要我放下？」

佛陀對他講：「我的本意並不是讓你放下手中的花瓶，而是讓你放下心中所思所想。只有當你將這些都『放下』時，才能解脫出來。」

是的，只有將心間的各種欲望掙扎都放下了，才真正算是做到了佛家箴言中所講的「放下」。

一位滿臉愁容的生意人來到智慧老人的面前。

「先生，我急需您的幫助。雖然我很富有，但人人都對我橫眉冷對，生活真像一場充滿爾虞我詐的廝殺。」

「那你就停止廝殺吧。」老人回答他。

生意人對這樣的告誡感到無所適從，他帶著失望的心情離開了老人。

在接下來的幾個月裏，他的情緒變得糟糕透了，與身邊的每一個人斤斤計較，爭吵鬥毆，由此結下了不少冤家。

一年後，他變得心力交瘁，再也無力與別人一爭長短了，他又找到了智慧老人。

「先生，現在我不想跟人家門了。但是，生活還是如此沉重——它真是一副重重的擔子呀。」

「那你就把擔子卸掉吧。」老人回答他。

生意人對這樣的回答很氣憤，怒氣沖沖地走了。在接下來的一年中，他的生意遭遇到挫折，最終喪失了所有的家當。妻子帶著孩子離他而去，他變得一貧如洗，孤立無援。於是他再一次向這位智慧老人討教。

「先生，我現在已經兩手空空，一無所有，生活裏只剩下了悲傷。」

「那就不要悲傷吧。」老人回答道。

生意人似乎已經預料到老人會這樣的回答，這次他既沒有失望也沒有生氣，而是選擇待在老人居住的那座山裏的一個角落。他悲從中來，號啕大哭起來。

他抬起頭，早晨溫煦的陽光正普照著大地。他又來到了智慧老人那裏。

「先生，生活到底是什麼呢？」

老人抬頭看了看天，微笑著回答道：「一覺醒來又是新的一天。」

弘一法師開示說：「很多人總是在感嘆，我放下之後，並沒有收到預期的效果，我放下之後，也沒有把這個事情真的做好……其實這並不是真的放下，只是爲求結果。我們學佛首先要切斷世俗的計較心、功利心，先將求功德、求平安之心放下，才可以學佛。」

3 放下急功近利心

心生種種法生，心滅種種法滅。
心生種種捨者，這個病根拔不盡。
生死海裏浮沉，真是無出頭時。
——弘一法師

弘一法師講過這樣一個故事：

一個被生活的重擔壓得快要喘不過氣的人，終於決定要去尋找一位可以幫助他解脫困境的大師。有人告訴他，有這樣一位世外高人就住在大山裏，或許可以將他從困苦的生活中解救出來。於是他就這樣匆匆上路了。

一路上，這個人只是忙著趕路，全然沒有看到身邊經過的燦爛的山花、叮咚的泉水、和煦的陽光、溫柔的林風……他終於來到了大師的門前，他急著訴說自己的煩惱，滔滔不絕後，問大師究竟該如何才能夠解決這些困擾。

在他訴苦的期間，這位大師從未發過一言，只是靜靜地等待著，直到這個人說完了，也問完了之後，大師才開口問：「在你剛剛走過的這條路上，你看到了什麼、聽到了什麼，或是聞到了什麼？」

這個人聽到大師這樣問，不禁感到愕然：「我只顧趕路，只求早點見到你，什麼也沒看到、什麼也沒有聽到。」

大師笑了笑說道：「你的心裏裝滿了疑惑，承載了太多的負累，只顧埋頭趕路，自然浪費了一路的好風景。如果你的心中裝滿了欲望，那你永遠也無法看到山的美、聽到水的靜、聞到花的香。一個人，只有學會放下那些不必要的東西，以簡單自然的心靈去面對生活，才能獲得精神上的安寧，而一顆承載太多的心是永遠都無法快樂的。」

弘一法師認爲：「試著讓自己放下心中那些近乎奢侈的欲望，做我們力所能及的事情，不爲達不到的目標而苦惱，做令自己和他人快樂的事，做一個簡單真實的自己，而不是一個被欲望牽著到處亂跑的生命。」生活有時就如同亂麻，放下了急功近利之心，就會發現生活不再是風塵僕僕的征程，而是鮮花盛開的天堂。

適時地給自己一個看風景的機會，當心靈在暮鼓晨鐘的洗滌中慢慢被淨化後才發現，曾經以爲不能「放下」的東西在不經意間已經被遺忘了。放下浮華的包袱輕裝上路，你會感受到從未有過的開心與自在，這就是簡單與樸素的生活，每個人都應該好好去享受。

4 自找麻煩的人，更能惹上麻煩

真奇怪，那麼多的人喜歡迫不及待地尋找麻煩、製造麻煩，這是多麼愚蠢的行為啊！他們特別願意自找麻煩，而且每次都是不找則已，一找一籮筐。這是因為他們的心裏總想著煩惱，結果就會和煩惱的事不期而遇！

——弘一法師

生活是需要睿智的。如果你不夠睿智，那至少可以豁達。以樂觀、豁達、體諒的心態看問題，你就會看出事物美好的一面；以悲觀、狹隘、苛刻的心態看問題，你就會覺得世界一片灰暗。

不樂觀的人老是抱怨天氣糟糕、交通擁擠、不招同事喜歡……人在年輕時養成的最不好的習慣就是愛抱怨、愛批評、愛挑剔，還喜歡關注事物的陰暗面。人在壞習慣的驅使下會變得越來越病態，最終變得悲觀失意、玩世不恭。

弘一法師說：「有些人專門自找麻煩。他們隨身帶著瘧疾藥、感冒藥和治各種各樣病的藥，因爲他們認爲總有一天會得病。當他們去旅行時，差不多帶上了個小型藥鋪，能治各種可能染上的病。說來也真奇怪，經常生病的往往就是這些人，要麼是患上感冒，要麼是染上別的什麼傳染病。而那些總想著好事而不是壞事的人，從不覺得自己會生病，他們外出既不帶藥，也不生病。」

是的，很多人無論到哪兒都抱怨自己時運不濟、窮困潦倒。他們把不幸都寫在臉上，到處宣揚自己是多麼失敗、多麼倦怠、多麼無力。他們總是抱怨，但從不想辦法改變。

我們最大的敵人就是自己錯誤地發揮想像力。很多人覺得自己不幸福、不快樂，是因爲他們總想像自己被虐待、被輕視、被忽略、被議論。他們總把自己想成是受害者。事實上，這都是錯覺，在現實中根本不存在。

我們都喜歡陽光、聰明、快樂、充滿希望的人。沒人喜歡總愛抱怨挑刺、愛誹謗中傷他人的人。人喜歡對未來充滿希望、對自己的事業充滿信心的人；喜歡看人長處而不是短處的人。無所事事的人喜歡傳瞎話，他們舌如毒箭，還有些人亂發脾氣，他們或許得到了片刻的滿足，但他們自己活得並不愉快。

人生要尋找真善美，而不是假惡醜；要尋找高尚美好，而不是卑鄙齷齪；要尋找陽光快樂，而不是陰暗抑鬱；要尋找信心希望，而不是悲觀失望。所以看事物要看陽光的一面，而不是陰暗的一面。

試試吧，其實將臉朝向陽光和朝向陰暗一樣容易，但卻能使你的生活發生翻天覆地的變化，可以使你由不滿變得滿意，由痛苦變得快樂，由失敗變爲成功，由垂頭喪氣變爲意氣風發。

學會尋找陽光，對陰暗、骯髒、變態、畸形、不和諧堅決說「不」。牢牢抓住能給你帶來快樂，能幫助你、啓發你的東西。這樣的話，你對事物的看法就會發生翻天覆地的變化，你的性格也會很快發生改變。

大千世界總會用你對待它的方式對待你：如果你微笑，它也報之以微笑；如果你皺眉，它也報之以皺眉；如果你歌唱，它會邀請你加入快樂的歌詠隊；如果你思考，思想家將會和你一起思索人生的重大問題；如果你熱愛這個世界，積極尋找這個世界的真善美，你不但會擁有一大群充滿愛心的朋友，大自然還會把世界的寶藏送到你懷中。

5 取捨間的平衡智慧

睜開眼睛，仔細地去觀察，你會發現，每一個聰明的人，都能遇事看得開，慧質蘭心，只輕悠悠舀一瓢自己心底最愛喝的那口茶。

——弘一法師

放得下的人，臉上總是充滿陽光般暖暖的笑意，他們對生活沒有抱怨，沒有哀嘆，他們舉重若輕，不多奢求一分，也不委屈自己。放得下的人在取捨之際，不會跟隨個人的理想，不會隨波逐流，也不會人云亦云，這時，才能找到自己的平衡點，自己的臨界點。

世間萬物都有一個平衡點，事物之間也有平衡點，或稱臨界點。你能找到那個最佳的臨界點嗎？取捨之間就有這樣的臨界點。有時候取捨只在一念之間，悲喜也只在一念之間。

大部分的人總是容易陷入一個怪圈：這山望著那山高。其實你認爲最好的東西是否一定適合你呢？你找到那個最適合你、最能平衡你生活的臨界點了嗎？從現在開始，每天對著鏡子，告訴自己，身邊的愛人是你今生最最完美的理想伴侶，目前已經選擇的工作是你最最喜歡的工作。

只有「放下」「那山」的風景，內心才能平衡，心靈才能寧靜，心情才能舒暢，也才能真正感受到這山的關愛，感受到坦然與灑脫。

取捨間的智慧，全在一個「悟」字。佛家常常說一個人有「悟性」，說的便是一個人懂得取捨的智慧，知道何為可取之物，知道何為必捨之事，取捨之間，如蜻蜓點水，卻恰到好處。一念之間，卻把世事想透，不多取一分，也不胡亂捨棄。聰慧如此，必然幸福滿懷，於是就常聽人們說某某人好福氣，卻忘了自己其實也可以有「福氣」，只是曾幾何時，沒有掌握好取捨間的尺度與智慧，於是最終只能豔羨他人。

如今塵世中的人們，大多「終朝只恨聚無多」，做什麼都想贏，做什麼都不肯捨棄一分一毫。何時該取，何時該捨？這個平衡點真是很難掌握，而天下也沒有放之四海皆準的真理，我們能做的，就是根據此時、此地、此情、此景去綜合權衡利弊得失。只要分析出利大於弊，即可作出取捨；而妄求只有利益，沒有弊處，就永遠選不對，心裏永遠不平衡。

一天，有一個人在沙漠裏迷失了方向，饑渴難忍。就在快堅持不住的時候，他發現了一幢廢棄的小屋，屋裏居然還有一台抽水機。

他興奮地急忙上前取水，可不管怎麼做也抽不出半滴水來。這時，他看見抽水機旁有個裝滿了水的瓶子，瓶子上貼了一張紙條，上面寫著：你必須用水灌入抽水機才能引水，不要忘了，在你離開前，請再將水裝滿！

這可怎麼辦啊？能抽出水來固然好，要是水浪費掉了而抽不出水來怎麼辦？

自己不是有可能會死在這裏嗎？假如將瓶中的水喝了，還能暫時遠離饑渴，為此，這個人猶豫不決。

思來想去，他還是將水倒進了抽水機，不一會兒，就抽出了清冽的泉水，他不僅喝了個夠，還帶足了水，最終走出了沙漠。

在臨走之前，他把瓶子裝滿水，然後在紙條上加了幾句話：紙條上的話是真的，你只有先捨棄瓶中的水，才能得到更多的水！

取捨間的看得開就在於此，發現平衡點，果斷地抉擇，然後把握這個平衡點，再輕鬆地感受取捨之後的快樂與美好。

其實，是苦是樂全在個人，每個人的渴求不同，每個人的快樂源泉也不同，瞭解自己，取捨亦符合自己的內心，這便能快樂，也便擁有了取捨間看得開的好心境。正如不愛珠寶的人，即使置身虛榮浮華之境，也無傷自尊；愛好即方向，興趣即資本，性情即命運。

作爲人，什麼樣的人生最成功？沒有定論。非要一味概之，就會落入愚蠢的窠臼。完全照搬那些看似風光者的經驗與路徑，最終只會「捨錯人」「捨錯事」，最後取得的人生，貌似是自己曾經所羨慕和企求的，卻無論怎樣也快樂不起來，只有滿懷的懊惱，甚至可笑。

如果一定要給成功人的人生下一個定義，給一個框架，那便是，當一切塵埃落定，內心充盈，感覺到實實在在的幸福，而無視外界的眼光。

6 「拿得起」是可貴，「放得下」是超脫

人生最大的敬佩是「拿得起」，生命最大的安慰是「放得下」。

——弘一法師

歌德說：「一個人不能永遠做一個英雄或勝者，但一個人能夠永遠做一個人。」這裏，「做一個英雄或勝者」，指的便是「拿得起」時的狀態；而「做一個人」，便是「放得下」時的狀態。一個人若是能活出這種狀態，便可謂一位瀟灑、想得開的智者。

我們每個人都有很多「寶貝」，但你不可能什麼都得到，在某些時候一定要學會「拿得起」、「放得下」。

在一次周年晚宴上，李嘉誠說了一句座右銘：「好的時候不要看得太好，壞的時候不要看得太壞。」這是李嘉誠人生修煉最高境界的體現，也是對「拿得起，放得下」的詮釋。

不要感嘆自己缺少了什麼，能夠「放下」自己手裏擁有的東西的人，才是真正的智者。一個人「拿得起」是一種勇氣，「放得下」是一種度量。

對於人生道路上的鮮花與掌聲，有處世經驗的人大都能等閒視之，屢經風雨的人更有自知之明。但對於坎坷與泥濘，能以平常心視之就非易事。大的挫折與大的災難能不爲之所動，能坦然承受，就是一種度量。

有些自以爲聰明的人常常會暗自慶幸自己得到多少。事實上，他們才是最糊塗的。得到越多，說明放不下的也就越多。那麼，背負的也就越多，活的也就越累。倘若一個人將一生的所得都背負在身上，那麼縱使他有一副鋼筋鐵骨，也會被壓倒在地。

【第二章】

放下「執念」，煩惱全無

山不轉路轉，境不轉心轉。境無好壞，損益在人。

萬物自有其流轉去向，可以擁有，但無須執著，手中擁有的已然足夠。

執著與糊塗正好背道而馳。禪，尤其禁止執著心。

1 過了河就上岸，切莫背著「船」走

不執著就好，執著了就不好。如果不執著、不著相，那有相的光明，與自性心光便自融會一體。如果執著了，便落在生滅妄緣中，那就不好了。

——弘一法師

下面這則故事出自《金剛經》。

有一個苦悶的年輕人，一直感覺不到生活的快樂。一天，他打算去大師那裏尋找快樂的真諦。臨出發前，他把與自己有關的東西都裝進一個大包袱，便開始了自己的行程。可想而知，這一路他走得很辛苦，等到達大師的住處時，年輕人已經累得氣喘吁吁了。

見此情形，大師便問道：「你包袱裏裝了些什麼？」

年輕人答道：「有很多很多東西，不過都是與我有關的東西。每次成功時的喜悅，每次跌倒時的淚水，還有每次失意時的落寞，等等。」

見他這樣，大師並沒有說什麼，而是讓年輕人跟著自己到一個地方去。大師把年輕人領到河邊，並叫來了渡船，讓船夫把兩人送過了河。抵達河對岸之後，大師對年輕人說：「現在，你把這條船也扛上吧！」聽了大師的話，年輕人有些摸不著頭腦，不明白大師的用意何在。於是，他向大師問道：「現在我們已經過了河，為什麼還要扛著船走呢？」

大師反問道：「你既然知道這個道理，為何還要背著你的包袱前行呢？」

聽了大師的話，年輕人頓時明白了過來，他終於找到自己總是不快樂的根源所在。在回家的路上，年輕人把自己的包袱徹底丟掉了，他發現，原來人生也是可以如此輕鬆自在的。

弘一法師的解釋是：「像過河的船一樣。筏就是木頭捆起來過河用的木排，你既然過了河就上岸嘛，過了河還把船背起來走嗎？沒有這樣笨的人。一切真正的佛法到了最後，便像是過了河的船，都要丟掉。何況一切不是真正的佛法呢！」

是呀，過了河就上岸，難道還背著船走嗎？同樣，無論是痛苦與快樂，成功與失敗，一切都會隨著時間的河流流逝，最終成爲過去。所以，我們不必沉湎於過去的挫折和苦難，也無須爲一時的成功沾沾自喜。

所有的一切都會過去，不管是美好的，還是痛苦的，一切都會成爲回憶。但若永遠將這些過去背負著，必將阻礙前行的步伐。

一位有著多年臨床經驗的心理醫生撰寫了一本醫治心理疾病的專著。

有一次，他受邀到一所大學講學，課堂上，他拿出了厚厚的著作，說：「這本書有一千多頁，裏面有三千多種治療方法，十萬多種藥物，但所有的內容，其實只有四個字。」

說完，他在黑板上寫下了：如果，下次。

醫生接著說：「很多時候，造成人們精神消耗和折磨的就是『如果』這兩個字。『如果我考進了大學』『如果我當年不放棄他』『如果我當年換了其他的工作』……這些是我這麼多年來聽到最多的話語。

治療心理疾病的方法有很多，但最終的辦法只有一種，就是把『如果』改成『下次』：『下次我有機會再去進修』『下次我不會放棄所愛的人』……只有這樣，人們才能真正地從痛苦中走出來。」

忘掉曾經刻骨銘心的傷痛，忘掉曾經難以承受的苦難，忘掉自己曾經的輝煌……忘掉過去，你將擁有幸福的生活。人生走過的那一段已經無法重新開始，不管你再怎麼惋惜、悔恨也無法改變既定的事實。與其在痛苦中掙扎，還不如重新找到一個目標，再一次奮發努力。

不要因爲過去的失敗或者成功，做無謂的自責和歡喜，過了河就上岸，難道還背著船走嗎？

2 莫因求不得而「放不下」

一花一世界，一葉一如來，春來花自青，秋至葉飄零，無窮般若心自在，語默動靜以自然。順其自然，莫因求不得而放不下。

——弘一法師

生活中，很多人總認爲自己還年輕，有很多時間可以去嘗試、去堅持，但是歲月匆匆，當最終發現自己的堅持成爲無用功時，再回首已經百年身。錯誤的堅持就是在浪費生命，不管是在工作上還是在生活中。

有一家公司需要招聘一名業務代表，通過層層選拔進入復試的只有A和B兩名應聘者，為了從中找出一位更適合這份職業的員工，公司決定在不同時間段分別通知他們前來面試。

第二天，A被公司通知前來進行最後一次的考核。A在面試的時候十分穩重，各種問題都對答如流，就在這時，負責面試的考官忽然遞給他一把鑰匙，然後隨手指了一間小屋讓他去那裏拿一個茶杯來。

A就去開那間小屋的門，可是他無論怎麼都打不開。他慢慢地擰轉，弄了很久還是打不開。他知道這是主考官給自己出的一道難題，如果連扇小小的門都打不開，怎麼去打開別人的心呢？於是，他一個勁地往裏面擰，最後鑰匙被他擰斷在鎖孔裏。

A感到十分難以置信，明明是這扇門的鑰匙，為什麼門就是打不開呢？他就問主考官：「請問，是這把鑰匙嗎？」

主考官抬頭看了一下A，答道：「只有這把鑰匙。」

A很為難地說：「門打不開，我也不渴……」

主考官打斷了他的話：「那好吧，這兩天回去等通知，如果接不到通知，你就去別家公司試試吧！」

第三天，公司通知B來面試。儘管他的回答不是十分流暢，但主考官同樣也給他一把鑰匙，讓他取來一隻茶杯。

B也同樣打不開門，但是他看見另一間屋子裏有一隻茶杯，他想：「主考官並沒有告訴我鑰匙就是這間屋子的，它既然打不開那間屋子，那麼有可能是這間的吧！」於是他抱著試試看的心態，竟然真的打開了那間小屋，取出了茶杯。

主考官很高興，拿過他取出的茶杯為他倒了一杯水，然後對他說：「喝杯水，恭喜你，你被錄取了。」

A因為放不下心中的那份「執著」，一直認為主考官指定的就是那間屋子，結果怎麼弄也打不開那扇門，B卻沒有被框框限制住，因而取出了茶杯。

選擇需要智慧，放下需要勇氣。適時地放下無意義的堅持，才會有更多的機會到達成功的彼岸。如果自己選擇的方向是正確的，那麼該堅持的就要堅持，反之，如果你在一條錯誤的道路上狂奔，那麼只是加速了自己毀滅的進程。

如果我們的目標並不適合我們，這時候就要懂得去收手，與其苦苦掙扎，還不如選擇放下。若我們堅定地放下了那種偏執，說不定會柳暗花明，別有洞天。否則，我們就可能被痛苦糾纏一生。

3 放下「執念」，學會變通

山不轉路轉，境不轉心轉。
境無好壞，損益在人。
——弘一法師

寺廟裏，有一位修為高深的老和尚，他身邊聚攏著一幫虔誠的弟子。

一天，他囑咐弟子們：「徒兒們，你們每人都去南山打一擔柴回來吧。」

弟子們匆匆告別師父下山，但行至離南山不遠的河邊，眼前的一幕卻讓所有弟子都目瞪口呆——只見洪水從山上奔瀉而下，阻住了去路，弟子們無論如何也無法渡河打柴了。眾弟子只得悻悻而歸，無功而返。

弟子們都有些垂頭喪氣，唯獨有一個小和尚，與師父坦然相對。

老和尚笑問：「打不成柴，大家都很沮喪，為何你卻如此淡定？」

小和尚看了看師父，從懷中掏出一個蘋果，遞給老和尚，說道：

「雖然過不了河，打不了柴，但我卻看見河邊有棵蘋果樹，上邊還結了蘋果，我就順手把這唯一的蘋果摘來了。」

後來，這位小和尚成了老和尚的衣缽傳人。

弘一法師認爲：「老和尚要求眾弟子外出打柴的目的是爲了有木柴做飯，但打不了柴就做不了飯，做不了飯就會腹中空空。因此，小和尚採摘了一個蘋果，這反映出小和尚在生活中是一個有心人，明白老和尚的本意。而老和尚肯定知道通往南山要途經一條大河，所以他叫眾弟子去打柴肯定不單純是打柴，而是爲了考驗弟子們的應變能力。老和尚的最終目的是爲了填飽肚子，顯然，處事靈活的小和尚做對了事情。」

世上有走不完的路，也有過不了的河。遇見過不了的河掉頭而回，是一種生存智慧。但在河邊摘下一顆「蘋果」，無疑是一種更大的智慧。歷覽古今，凡具大智慧者，最終大都實現了人生的突圍和超越。

我們看一則寓言故事：

兩隻螞蟻想翻越一段牆，尋找牆那頭的食物。

一隻螞蟻來到後牆腳就毫不猶豫地向上爬去，可是當牠爬到一半時，就由於勞累、疲倦而跌落下來。可是牠不氣餒，在一次次跌落後，牠又迅速地調整一下自己，重新開始向上爬去。

另一隻螞蟻觀察了一下，決定繞過牆去。很快地，這隻螞蟻繞過牆來到食物前，開始享受起美食來。而第一隻螞蟻仍然沉浸在「不停地跌落又重新開始」的循環中。

目標可以是一個，抵達目標的路線卻不只有一條。在實現目標前，切忌一頭紮進去，我們需要靜下心來琢磨琢磨選擇哪條路線更適合。有時選擇比努力更重要，尤其是在面對成效甚微的努力時，我們更需要放下執著的心態，學會變通。

第一，要告誡自己：有些事情必須選擇妥協。

遲田大作曾說：「權宜變通是成功的秘訣，一成不變是失敗的夥伴。」的確，成功除了堅持到底之外，最重要的是必須在該轉身和變通的時候，及時放下食古不化、固執己見的做法，否則只會讓自己離成功的目標越來越遠。所以，我們要告誡自己：有些事情必須放下執念，選擇妥協。

有位偉人說得好：「根據情景的變化，及時調整人生的航線是量力而行的睿智和遠見，放棄已不再適合局勢的航線，則是顧全大局的果斷和膽識。」

第二，要養成學習新知識、接觸新事物的習慣。

絕大多數具有「執念」的人，都是一些思想狹窄、看問題片面、不喜歡接受新事物者。他們由於思維方式偏激，觀念固定守舊，在大腦皮層形成了一個「惰性興奮中心」：一旦某種思想、觀念深深地紮根其中，便很難容下其他思想、觀點。因此，要想放下執念，就得不斷學習新知識，接觸新事物，開闊自己的思路，養成不斷更新思維方式的習慣。要知道，人生如戲，每個人都是自己生命裏唯一的導演。只有學會選擇新事物，放棄舊事物的人才能夠徹悟生活，笑看生活，擁有海闊天空的幸福境界。

第三，要善於克制自己，保持適度的自尊。

自尊心過強是導致執念的重要原因，而執念又常在虛榮心的滿足中得到發展。「自尊」作爲人的一種精神需要固然是必要的，也是良好的。但自尊心並不是靠智慧、技能、品格去獲得，而是用執拗、頂撞、攻擊、無理申辯來強求，就會發展爲固執。固執的人爲了達到自己的目的所表現出來的「堅持到底」的行爲，與真正的百折不撓、頑強不屈的精神並不能相提並論。因此，要想避免陷入執念的泥潭中，就得加強自我調控，善於克制自己，以保持適度的自尊。

第四，做事認真而不迂腐，靈活而有原則。

做事頑固的人會很執拗。頑固會讓人看不清楚周圍真實的情況，最後受害的反而是自己，而且自己受了傷、吃了虧也不知道是爲什麼。所以認真而不迂腐的生活態度是需要的，但頑固過頭了就會適得其反。

4 明智的放棄，勝過盲目的執著

萬物自有流轉去向，可以擁有，但無須執著，手中擁有的已然足夠。

——弘一法師

人生是爲了什麼？我們要活得開心，最關鍵的要素是什麼？遇事要想得開，必須知道該執著時要執著，該放棄時要放棄的道理。只有放棄了苦惱，才能與快樂同行。生活中，有時不好的境遇會不期而至，攪亂我們的生活，讓我們猝不及防，這時我們更要學會放棄，不要以爲所有的執著都是褒揚，有時候，執著只是一種固執，只是當局者迷而已。

在非洲，人們有一套十分奇特的抓捕狒狒的方法。他們將狒狒愛吃的食物高高舉起，故意讓躲在遠處的狒狒看見，然後把這些食物放進一個口小裏大的洞中。等人們走遠，狒狒就會歡蹦亂跳地過來，把爪子伸進洞裏，緊緊抓住食物。

但由於洞口極小，牠的爪子握成拳後就無法從洞口抽出來。這時，人們就可以不慌不忙地過來抓捕獵物，而且根本不用擔心狒狒會跑掉，因為狒狒捨不得那些可口的食物，牠們越是驚慌和急躁，就會將食物攥得越緊，爪子就越無法從洞中抽出來。於是，為了美味的食物，狒狒們最終白白搭上了性命。

其實，那些狒狒只要稍一鬆開爪子，放棄食物，就可以溜之大吉，但牠們卻偏偏不肯這麼做！這就是愚蠢的固執。

我們常常說，執著的人值得讚許，因爲他們不拋棄、不放棄。然而有時，放棄才是另一種選擇，才是一種大智慧，更是一種勇氣。

盲目的執著有時只是一種自欺欺人的固執，就好比失業者不肯放棄僵化的擇業觀念，整日萎靡不振、怨天尤人；失戀之人不肯放棄已經逝去的那段感情，把自己弄得喪魂落魄、心灰意冷；賭徒不肯放棄「可能會贏」的僥倖心理，以至於血本無歸、傾家蕩產……凡此種種，都驗證了執著有時是多麼的要不得。

一味地執著，不肯放手，只會佔用大量的時間和精力，從而讓很多真正應該做的事情沒有做成，讓真正的夢想失去實現的機會。

一九九六年春，十二名攀登珠穆朗瑪峰的登山者死於暴風雪中，然而當時另外一個登山者克洛普卻保住了性命。因為他在距峰頂僅三百英尺時轉身下山了。

對克洛普來說，登上珠穆朗瑪峰峰頂對他意義重大。如果他在不攜帶氧氣的情況下能夠成功登頂，將刷新珠峰攀登的世界紀錄。但如果再花四十五分鐘的時間到達峰頂，就會超過安全的時限，無法在夜幕降臨前下山。

那次遇難的十二名登山者中，大多數人都登上了峰頂，但遺憾的是，他們都錯過了安全返回的時間。

克洛普經過幾周休養調息後，終於登上了珠峰峰頂，更重要的是，他毫髮無損地回到了家鄉。

如果克洛普與其他登山者一樣，執著於登頂，則必然與他們一樣，失去最寶貴的生命。克洛普放棄登頂時，有沒有猶豫過？有沒有掙扎過？答案是肯定的。大家都往上走，只有他一個人放棄了，可想而知他需要多大的力量才能說服自己，但是他最終做出了最正確的決定。放棄不必要的執著，才能更好地到達目的地。

不固執，在該放棄時勇敢放棄，是明智之舉。而主動地去放棄，更是一種坦蕩的心境與博大的胸襟，不固執，對人而言，更是一種勇氣和魄力。有所堅持，有所放棄，只有這樣，我們的內心才能更平衡，而不盲目固執，也許才是人生的捷徑。

5 解脫「執著心」

執著與糊塗正好背道而馳。禪，尤其禁止執著心。

——弘一法師

執著心往往會使自己的視野狹窄。

一天，南嶽和尚來拜訪馬祖和尚說：

「馬祖，你最近在做什麼？」

「我每天都在坐禪。」

「哦，原來如此；你坐禪的目的是什麼？」

「當然為了成佛呀！」坐禪是為了觀照真正的自我，從而悟道成佛，這是一般人對坐禪的認識，馬祖也這麼認為，因此才去坐禪。

可是，南嶽和尚一聽到馬祖的話，竟然拿來一枚瓦片，默默地磨了起來，覺得不可思議的馬祖便開口問道：「你究竟想幹什麼啊？」

南嶽和尚平靜地回答道：「你沒有看到我在磨瓦片嗎？」

「你磨瓦片做什麼？」

「做鏡子。」

「大師，瓦片是沒法磨成鏡子的。」

「馬祖啊，坐禪也不能成佛的。」

南嶽和尚用瓦片不能磨成鏡子的道理來告訴馬祖，光坐禪也不能成佛的道理，這個對話的內容看似滑稽，實際上意義非常深遠。

爲什麼呢？南嶽言外之意是想告訴馬祖，他過分執著坐禪的形式和手段。雖然坐禪很有意義，可是如果被坐禪束縛，心的自由就會受到制約、控制，也就無法悟道成佛了。因此，坐禪的方法雖然是要重視的，但如果過分執著其中，反而要予以否定。

佛學界的另一位泰斗——南懷瑾先生常常對年輕人說：

「你不要先來學佛啊！先去學做人，人都做不好，如何學佛呢……所謂加庇是你自己本身先健全起來，然後加上庇護，互相感應。自己不努力，自己不用功，佛祖想加都加不進來，想庇都庇不上去。」

如此這般，以禪的立場來看，執著必須全部否定，否則一旦陷入執著，就什麼東西都得不到了。

6 為自己活，而不是活給別人看

各人有各人理想的樂園，有自己所樂於安享的花花世界。

——弘一法師

生命是否有意義，最關鍵的在於個體的自身體驗。沒有了自我，一切的快樂都是虛僞的假象。不要爲了某些虛榮的東西，而把寶貴的年華和快樂捨棄。

我們有沒有問過自己，究竟想要一種什麼樣的生活？我們有隨時停下來審視道路和重新選擇方向的自由，也該有拒絕「身不由己」的權利。

《生命咖啡館》的作者約翰・史崔勒基，原來是一個在企業中擔任主管的高薪人士。二〇〇一年，他覺得工作乏味，痛苦難熬，就和妻子背起背包，開始自助旅行。在以後的九個月裏，橫跨五大洲十幾個國家。

旅行中，他對生命有了新的認識。回到美國，他決定用故事的形式把自己對生命的認識寫下來，他只花了廿一天的時間就寫完了這本書。

開始他只是想讓更多朋友知道他的想法，於是自費出版，沒想到短短一年間成了暢銷書。書的主題就是：人生應該做自己想做的事，而不是應付別人要你做的事。

沒有了自我，一切的快樂都是虛僞的假象。即使人家批評你、否定你、攻擊你，也不代表你的「自我」受到否定，唯一能否定你的人，就是你自己。

喜歡評頭論足的人很多，你隨時可能受到譏笑和嘲諷，不要讓它左右你的行爲，該做什麼就做什麼，而且力爭做到最好。

人們有時候覺得生活得不愉快，很大程度上是因爲過於注重形式，比如爲了追求時尚而買了一雙流行的鞋子，雖然穿著不合適，腳都磨起泡了，但還是硬挺著。其實生活的實質不在形式，而在內容。鞋子的款式不重要，關鍵是舒適與否。我們不要爲了時尚而讓腳受委屈，更不要爲了某些虛榮，而捨棄寶貴的年華和快樂。

有三個人同喝一眼泉水，其中一個人用金杯盛著喝，另一個人用泥碗盛著喝，第三個人用手捧著喝。

用金杯之人覺得自己高貴；用泥碗之人覺得自己貧賤；而那個用手捧水喝的人卻痛痛快快地說了一句：好甜的水！

人的快樂和幸福是不能寄託在外物上的，否則這山望著那山高，你就總會有自卑，總會有痛苦。

有了幾百萬，見到上千萬的會痛苦，有了上千萬，見到上億的又會不舒服；當了處長見了局長會自卑，當了局長見了部長又會不安……生命的價值永遠都不能簡單地用世人所謂的得失成敗來衡量，因爲生命是否有意義，最關鍵的在於個體的自身體驗，「如人飲水，冷暖自知」，任何外在的標準都不能夠妄加評判。

苦樂全憑自己的判斷，這和客觀環境並不一定有直接關係。人要活得像人，活出一種自己的氣質來，你需要的只是做你自己，因爲你是獨特的，是世間獨一無二的，你享受自己，有自己的個性，自己的思想，不斷去發展自己，這樣你與任何人比都不會自卑。

【第三章】

世界並不完美，抛棄求全妄想

物忌全勝，事忌全美，人忌全盛。

不受外相迷惑，心中沒有善惡、二元的境地，才是接近了禪。

禪是建立在不即不離上面，禪是一個最奇妙的東西，它不是任何東西。

1 「修善」不足，方可改過遷善

物忌全勝，事忌全美，人忌全盛。

——弘一法師

在人生中，你絕對不可能讓所有的人都感到滿意，絕對不可能達到至善至美的境界。完美往往只會成爲人生的負擔。

美國作家庫辛曾寫過一篇名爲《你不必完美》的文章，文章中寫了這樣一則故事：

他因為在孩子面前犯下了一個錯誤，感到非常內疚。但他害怕自己在孩子們心目中美好的形象被毀，怕孩子們不再愛戴他，所以他不願主動認錯。

在內心的煎熬下，他艱難地過著每一天。終於有一天，他忍不住主動向孩子們道了歉，承認了自己的過錯，他驚喜地發現，孩子們比以前更愛他了。

他由此發出驚嘆：人犯錯是在所難免的，只要勇於改正錯誤就是一個可愛的人，沒有人期待你是聖人。

沒有一個人是完美無瑕的，有缺點和不足的人，不一定會默默無聞，也不一定會被人否定，只要你把「缺陷、不足」這塊堵在心口上的石頭放下來，別過分地去關注它，它就不會成爲你的障礙。

看看我們周圍那些事事渴求完美的人，他們往往體會不到生活中那種有所希冀的感覺，體會不到當自己得到追求中的某種東西時的那種喜悅。所以，如果你打算將生活快樂地過下去，就必須坦然接受生命是一個不太好處理的、有限的、有瑕疵的世界這個事實，不要相信世上有「完美」這回事。不要這樣要求自己，也不要這樣要求別人，更不要這樣要求生活。

2 「婆娑世界」，「保留缺陷才好」

佛經裏說的婆娑世界是指「人的世界」，也便是永遠存在缺憾而不得完美的世界。熙熙攘攘，來來去去，皆為利往。

人活在這婆娑世界中就要受苦，而這苦字當頭卻也不見得立刻就能體會。便是體會了也不等於解脫，看得破卻未必能忍得過，忍得過卻又放不下，放不下就是不自在。苦海無邊，回頭無岸。

但凡是能叫人真正自在的東西，總是發於內心的，所以岸不用回頭去看，岸無時不在。

——弘一法師

在一次古董的拍賣會上，一件稀世珍寶被一位收藏家以極高的價格拍下。

收藏家身邊的朋友說：「唉，可惜了，這件古董有一絲裂痕，否則就更加完美了！」

收藏家卻說：「這個世界上有什麼是絕對完美的呢？我喜歡這個古董，也喜歡這絲裂痕。每個瑕疵就代表著一段故事，有故事的古董才具有收藏價值！」

從經濟學的角度上說，這絲細微的裂痕的確讓古董大打折扣。但一個真正的收藏家，並不是因爲利益而去珍藏，他們更想要的是那份歷史的滄桑感。生活其實也一樣，每個人都想珍藏一段完美無缺的美好記憶。可真正懂得生活的人才明白，只有缺失的遺憾才能永遠被人深深地記住。

弘一法師認爲：對一個人來說，有缺陷確實是一件非常殘酷的事情，可不能因此而自卑消沉。既然缺陷無法改變，那就要正視缺陷，把缺陷當成前進的動力，而不是沉重的負擔，這樣一來，缺陷也就有了價值。

彼得是美國職業橄欖球隊員，他曾經效力過許多球隊，並且每次都能神奇地帶領球隊取得傲人的成績。

在他退役的晚宴上，一位記者問道：「彼得先生，在你的職業生涯中曾經取得多次輝煌的戰績，但有沒有什麼令你感到遺憾的？」

彼得談笑風生地說：「當然有，我又不是上帝。」

記者饒有興致地問道：「那你是否為此而自責呢？」

彼得知道這位記者實際上是有備而來的，因為很多人都知道他當年在洛杉磯球隊服役時，曾經因為在關鍵時刻的失誤而使球隊與聯賽冠軍失之交臂。

雖然這件事過去了很久，但每次談及此事時都會被球迷們津津樂道。

彼得卻十分大度地說：

「你想說的是我在洛杉磯球隊的那個賽季的事嗎？雖然每次被問及此事時我都刻意回避，那是因為經紀人考慮到我的形象而為我設計的策略。但現在我退役了，說說也無妨。其實在當時我的確有些自責，但這件事對我的影響並沒有大家猜想得那麼嚴重。

雖然這是一次重大失誤，可哪個運動員的一生又是完美無缺的呢？如果有一天我得了老年癡呆症，那麼我想唯一可以讓我記得的便是那次特殊的經歷，因為這樣，我的人生才真正完美了。」

在現實生活中，我們不得不承認自己在某些方面「確不如人」，這是很自然的事。但是，愈研究那些有成就者的事業，你就會愈加深刻地感覺到，他們中有非常多的人之所以成功，就是因爲開始的時候會有一些阻礙他們的缺陷，促使他們加倍地努力，從而得到更多的回報。正如威廉・詹姆斯所說的：「我們的缺陷對我們有意外的幫助。」

3 不完美，並不代表不美好

若你面對著一棵樹，只顧著看樹上的一片紅葉，對其他的葉子都將視若無睹。如果你不看這片葉子，只看一棵樹，則所有的葉子，都會在你視野之內。

——弘一法師

在《百喻經》中，有這樣一則可笑而發人深省的故事。

有一位先生娶了一個面貌娟秀的太太，美中不足的是她長了個酒糟鼻子。好像一件原本足以稱傲於世間的藝術精品少雕刻了幾刀，顯得非常突兀怪異。

這位丈夫對於太太的鼻子終日耿耿於懷。一日出外經商，行經販賣奴隸的市場，廣場中站著一個女孩，這位丈夫仔細端詳這位女孩的容貌，女孩的臉上長著一個端正的鼻子，於是他不計一切買下了她！

丈夫興高采烈地帶著女孩回家，想給妻子一個驚喜。到了家中，他用刀子割下女孩的鼻子，大喊著：「太太！快出來！看我給你買回來最寶貴的禮！」

「喏，你看！我為你買了個美麗的鼻子，你戴上試試。」丈夫說完，抽出懷中鋒銳的利刃，一刀朝太太的酒糟鼻子砍去。

霎時太太的鼻梁血流如注，丈夫忙把端正的鼻子嵌貼在傷口處。但是無論他怎樣努力，那個漂亮鼻子始終無法黏在妻子的鼻梁上。可憐的妻子，既得不到丈夫買回來端正美麗的鼻子，又失去了原來那個雖然醜陋但是貨真價實的酒糟鼻，還受到無妄的刀刃創痛。而那位糊塗丈夫的愚昧無知，更是叫人覺得可憐！

生活也是這樣，有些人以爲自己是在追求完美，其實他們才是最可憐的人，因爲他們是在追求不完美中的完美，而這種完美，根本不存在。

其實，完美的標準是相對的，因人的審美觀不同而不同，今天以胖爲美，明天就可能以瘦爲美。古人以腳小爲美，但如果今天有「三寸金蓮」走在大街上，路人肯定會笑掉大牙。

完美主義的人表面上很自負，內心深處卻很自卑。因爲他很少看到優點，總是關注缺點，總是不知足，很少肯定自己，於是就很少有機會獲得信心，當然會自卑了。不知足就會不快樂，痛苦就會常常跟隨著他，周圍的人也一樣不快樂。

弘一法師認爲：世界並不完美，人生當有不足。因此，留些遺憾，倒可以使人清醒，催人奮進，反而是好事。蘇軾詞曰：人有悲歡離合，月有陰晴圓缺，此事古難全。不完美的東西並不代表不美好，就像空中掛的明月，時圓時缺，但是人們總覺得它美不勝收！

4 不受「外相」迷惑

不受外相迷惑，心中沒有善惡、二元的境地，才是接近了禪。禪是建立在不即不離上面，禪是一個最奇妙的東西，它不是任何東西。

——弘一法師

美好的心靈來自善良的內心，它讓人們肅然起敬。它不僅愉悅了自己，還能給別人帶來歡樂。

心靈美是一種素質。這種素質，可以從它對人生、對社會、對他人以及對自己的思想感情和態度中得到體現。往往能從這個人極其平常的一言一行中得到充分體現！讓旁人看得清清楚楚。外在美往往迷惑的是人的眼睛，而內在美卻可以深深打動人的內心。

內在美是善良是愛心，是一腔能包容天地的博大胸懷，內在美也是豁達樂觀和朝氣，內在美還是勤勞勇敢和堅韌不拔，內在美更是知識才學和追求。每個人對內在美都會有不同的解釋。

中國古代的四大美女中，貂蟬有閉月之容，楊貴妃有羞花之貌，西施有沉魚之顏，然而最美的當屬王昭君，因為她不僅有落雁之美，還兼有一顆悲憫之心。

傳說王昭君在去往與匈奴和親的途中，因太思念家鄉便唱起歌來，天上的大雁聽見了如此美妙的歌聲，便都低頭看去，見是一位貌美如花的女子，大雁竟忘記揮動翅膀，便掉落在地，這就是所謂的落雁之美！

王昭君的美麗不僅僅是外在的，出塞後，她給匈奴人民帶去了糧食種子與文字，並教他們如何耕種，如何使用農作道具，如何看書寫字。美麗的昭君在匈奴百姓的眼裏簡直就像仙女下凡，她的善良和才智得到了許多匈奴百姓的愛戴。

美如果只存在於人的心靈世界，是沒有辦法廣泛和迅速地感染到他人，形成影響的，也稱不上魅力的。美不是靜止的存在，它存在於人和人的溝通交往中。內在美如果不能衝破心靈的藩籬，對外開放，在外在上有鮮活的表現，形成外在美，它就只有孤芳自賞了。

如果將美比喻成一棵樹，那麼內在美便是樹根，外在美便是樹葉、樹枝。樹不可無根，樹也不可無葉無枝，內在美和外在美便因這種關係而相互依從。真正的美是兼具二者的美。

東西也好，人也罷，徒具其表，金玉其外，敗絮其中，這樣的美轉瞬即逝；但只有內在美，則很難被人所發現，需要長時間讓人慢慢去品味，有時候在別人發現前，就被埋沒了。

哲學家培根曾經說過這樣一句話：「把美的形象與美的德行結合起來吧！只有這樣，美才會放射出真正的光輝。」

5 你心中有美，你就會看到美

花開有花開的好，花謝有花謝的美，能體會到周邊各種情況的美好，於是你將進入禪的大門。

——弘一法師

哲學家羅丹說：「美是到處都有的，對於我們的眼睛，不是缺少美，而是缺少發現！」

蘇東坡曾對佛印批評自己的詩詞而耿耿於懷。

一次，兩個人在一起打坐。

蘇東坡問：「你看到了什麼？」

佛印說：「我看到了佛。」

蘇東坡想借機羞辱他，就說：「我看到了狗屎。」

蘇東坡心裏很是痛快，回家迫不及待地告訴了妹妹蘇小妹。

妹妹聽了後卻說：「哥哥你好可憐。因為你心中有什麼，你就會看到什麼。

佛印心中有佛，所以眼中看到的就是佛，而你卻看到了一堆狗屎，那你心中又有什麼呢？」

美，是一種選擇，也是一種態度。是美還是醜，很多時候取決於你的心境，而不是事物本身。人的一生，就像一趟旅行，沿途中有數不盡的坎坷泥濘，但也有看不完的美景。如果我們的心總是被灰暗的風塵所覆蓋，乾涸了心泉、黯淡了目光、失去了生機、喪失了鬥志，我們的人生軌跡豈能美好？

你用灰暗的心去看待生活，生活給予你的就是一連串的失望，如果你浪漫地解釋生活，你就會發現生活其實並沒有把你逼得走投無路，而且還在你身旁佈滿了驚喜。多點自我安慰，少點絕望，這才是我們面對生活可取的態度，這樣，我們才可以看到另外一番美麗的風景。

6 世間事，無所謂苦樂之分

如果我們說某件事物是好的，或責難某件事物是不好的，通常是源自我們的喜惡，而很少體察它是否合於真實。

——弘一法師

弘一法師說：「世間本來就是不完滿的，過去不是、現在不是、將來也不是，現實就是以缺陷的形式呈現給我們的。每個人都有自己的缺憾，只有帶著缺憾的人生，才是真正的人生。我們總是抱怨自己的生活中有很多不如意的事情、充滿了苦難，卻沒有意識到這是我們人生必要的組成部分。」

一位即將圓寂的老和尚想從兩個徒弟中選一個做為衣缽傳人。

有一天，老和尚把徒弟們叫到他的面前，對他們說：你們出去給我揀一片最完美的樹葉。兩個徒弟遵命而去。

不久，大徒弟回來了，遞給老和尚一片並不漂亮的樹葉，說：「這片樹葉雖然並不完美，但它是我看到最完美的樹葉。」

二徒弟在外面轉了半天，最後卻空手而歸，他對老和尚說：「我看到很多很多的樹葉，但是怎麼也挑不出一片最完美的。」

最後，老和尚把衣缽傳給了大徒弟。

還有一個故事。

同樣有兩個少年：他們一個喜歡彈琴，想成為一名音樂家；另一個愛好繪畫，想成為一名美術家。

然而，一場災難讓想當音樂家的少年，再也無法聽見任何聲音；那位想當美術家的少年，再也無法看到這個五彩繽紛的世界。

兩個少年非常傷心，痛哭流涕，埋怨命運的不公。

這時，一位老人知道了他們的遭遇和怨恨，就對耳聾的少年用手語比畫著說：「你的耳朵雖然壞了，但眼睛還是明亮的，為什麼不改學繪畫呢！」

然後，他又對眼盲的少年說：「你的眼睛儘管看不見了，但耳朵還是靈敏的，為什麼不改學彈琴呢？」

兩個少年聽了，心裏一亮。他們從此不再埋怨命運的不公，並開始了新的追求。

改學繪畫的少年發現耳聾可以使自己避免一切喧囂的干擾，使精力高度專注。改學彈琴的少年慢慢地發現失明反而能夠免除許多無謂的煩惱，使心思無比集中。

後來，耳聾的少年成了著名的畫家，名揚四海；眼盲的少年終於成為知名的音樂家，享譽天下。他們相約去拜見並感謝那位老人。

老人笑著說：「不用謝我，該感謝你們自己，因為你們自己看得開，所以才能夠獲得今天的成就啊！」

人生的缺憾往往也能成就「完滿」的人生。偶爾的失意和失去雖然是一種缺憾，但它卻讓我們的生活變得像波濤洶湧的大海，多姿多彩。若是人生真的能夠事事如意，那我們的人生就是一潭死水，毫無亮點。人生的完滿與不完滿始終是相對的，完滿到了極致就是不完滿，而不完滿往往意味著完滿。

【第四章】

去除「浮躁」，深思慎行

命由己造，相由心生，世間萬物皆是化相，

心不動，萬物皆不動，心不變，萬物皆不變。

具三心者必生彼國：「一者至誠心，二者深心，三者回向發願心。」

心志要苦，意趣要樂，氣度要宏，言動要謹。

1 浮躁是種慢性毒藥

處事大忌急躁，急躁則自處不暇，何暇治事？

——弘一法師

「浮躁」在字典裏解釋爲：「急躁，不沉穩。」然而，這個字眼，現在卻越發地流行起來。很多人都說：這是個浮躁的年代，大家都浮躁地活著，忙著各種自以爲重要的事，忙到忘掉忙的目的。說世界浮躁的人自己也變得浮躁，說自己浮躁的人好像也不打算改變浮躁，因爲讓浮躁存在的理由遍地都是，而寧靜，卻找不到滋生的土壤——「浮躁的你，浮躁的我，幹著不同的浮躁的事情。」

街上的行人很多都是臉色嚴肅，神情漠然；馬路上，人們可以爲了一點小事就爭吵起來；公車上，人們可以因爲一下小小的碰撞就對罵起來；銀行裏，排隊領號辦理手續的人，可以爲了一個插隊的人失去原有的秩序，一個個爭搶著去搶位置，拉扯並高聲叫罵著。汽車在爲快一分鐘而搶道，人在爲一點小事而爭搶……

讓我們來看看浮躁的危害性總結吧：

第一，浮躁讓你不自信。

當一個人浮躁時，本身就說明了這個人是不自信的。「君子坦蕩蕩，小人長戚戚」，正是對自信者與不自信者的生動寫照。正是因為不自信，你才會盲目，才會心情鬱悶。

第二，浮躁讓你遠離和諧。

人人都希望自己的生命風景如畫。人生碰到最多的問題是「把事情做到何種程度」，也就是把握分寸、拿捏取捨的問題。慢了，錯失良機；快了，欲速不達。輕了，力度不夠；重了，過猶不及。浮躁的人身心不和諧，與他人、社會、自然的關係更不和諧，他們在自己生命的圖畫中，總是處處留下敗筆。

第三，浮躁阻礙你的自由。

每個人都有對自由的追求，但真正的自由屬於擺脫名利束縛的智者。人人喜愛清澈，厭惡污濁，因為污濁的必然浮躁，浮躁的往往污濁。污濁的人生如一團亂麻，剪不斷，理還亂。貪婪和奢欲是浮躁者的枷鎖，他們在自己精心做成的牢籠中苦苦掙扎，在掙扎中繼續修造牢籠，並且越枷越緊，心靈的盔甲和石頭越積越厚。在煩惱、緊張、壓力的束縛之下，哪裡還有身心的自由。

第四，浮躁讓你得不到真心。

人的內心世界好比多姿多彩的大自然，充滿愛意，則如星光燦爛，彩雲繚繞；充滿怨恨，則如狂風暴雨，驚雷陣陣。浮躁的人眼中滿是自己的優點和別人的缺點，極難自省，怨天尤人，牢騷滿腹，聞過即怒。亞里斯多德告訴我們：世上一切寶貴之物，總是要走完生長的全過程慢慢成熟。浮躁的人急於吞食，吃到的往往是半生不熟的果實。當然，他們也可能因爲溫度過高將鋼材煉成一堆廢物。

第五，浮躁讓你總是處於下風。

中國有句老話：「服人者，以德服爲上，才服爲中，力服爲下。」浮躁的人往往反其道而行之，卻盼望名利雙收。他們不懂居靜守柔而由之生動出強，總是怒氣沖沖，以高調的聲音、扭曲的表情甚至暴烈的拳腳解決問題。

培根有句話很尖刻：「怒氣是一種低賤的品質。」以躁求勝的結果，是將自己的弱點暴露無遺。遇上高明的對手，你攻他閃，你進他退，你追他跑，當你上氣不接下氣之時，人家一招便制你要穴。

「靜勝躁，寒勝熱」「輕則失根，躁則失君」，輕率浮躁、妄動妄爲必然會失去生命的根本和主宰。浮躁者不僅事業難以成功，人生更難成功，還很可能自取滅亡。因爲浮躁者把自己生命的時針，提前撥到了中午十二點，當然馬上就會面臨下午與晚上了。

第六，浮躁讓你不快樂。

真正的快樂來源於心靈，它從生命的本性流淌而出，它是有人生信仰的人自在安寧的情感狀態。

俄國詩人涅克拉索夫在其長詩《在俄羅斯，誰能幸福和快樂》中寫道：「找遍俄國，最終找到的快樂人竟是枕鋤瞌睡的農夫。」智慧並且快樂的人，目光所及是風景，耳聽所至爲音樂，思緒所在是美不勝收的大自然，無論順境還是逆境，他會視若春與夏、風和雨的交替一樣，恬然對待。

浮躁的人永遠不會在一個靜處細細品嘗人生的清茶，他們總是患得患失、惶惶不安，總是失望伴隨、快樂遠離。

2 工作可以枯燥，你不能浮躁

命由己造，相由心生，世間萬物皆是化相，心不動，萬物皆不動，心不變，萬物皆不變。

——弘一法師

工作中的浮躁心理是影響人前進的一道障礙，內心浮躁的人會四處碰壁，不但成就不了大事，反而會影響心智。

唐朝宰相裴休是一個虔誠的佛教徒，他的兒子裴文德年紀輕輕就中了狀元，進了翰林院，位列學士。但裴休認為兒子雖然科舉成功，但還沒有真正的人生歷練，不希望他這麼早就飛黃騰達，因此他就把兒子送到寺院中修行參學，並且要他先從行單（苦工）上的水頭和火頭做起。

於是，這位少年得意的翰林學士不得不天天在寺院裏挑水砍柴。每天，他累得要死，心中不免牢騷，抱怨父親不該把他送到深山古寺中做牛做馬。但父命難違，他只好強自忍耐。

時間一長，裴翰林又把心中的怨氣發到了寺裏的和尚頭上，心說這裏的方丈太不識趣了，我不如寫首詩，讓他給我換個輕鬆差事。於是有一天，裴翰林擔水的時候就在牆壁上題了兩句詩：

翰林挑水汗淋腰，

和尚吃了怎能消？

該寺住持無德禪師看到後，微微一笑，當即在裴翰林的詩後也題了兩句：

老僧一炷香，

能消萬劫糧。

裴文德看過後，心說自己實在太淺薄了，從此收束心性，老實地勞役修行。

在佛家看來，眾生皆是佛子，翰林也罷，和尚也好，本質上是沒有卑賤顯貴之分的。勞動不僅是每個正常人分內的事，也是一種修煉，所謂「天將降大任於斯人也，必先苦其心志，勞其筋骨，餓其體膚，空乏其身」。

許多人在工作中受不了最開始的低薪或者是地位的卑微，想一下子就晉升到別人用多年努力換來的位置，或者做生意時一味追求高額利潤，甚至恨不得一夜暴富。可這種一口吃個胖子的事是從來就不會發生的。

古語有云：「一屋不掃，何以掃天下？」只有先做好每一件小事，最終才能成就大事。

許多有作爲的人，他們在低微的薪水下工作多年後，會突然像變魔術一般，跳上一個高級而肩負重任的位置，爲什麼呢？就是因爲他們不急於成功，不管是薪水少，還是職位卑微，他們都努力去幹，去積累更多使他們受益終身的工作經驗。所以他們最後的成功來得也最穩固。

相比之下，那些急於求成的人往往會對遲遲得不到提升和回報而不滿，他們將心思放在如何成名、暴富上，而沒有把精力放在腳踏實地的工作中，於是變得浮躁，變得盲從，變得方向和目標不明確，最後使自己備受困擾和折磨。

許多年輕人都有浮躁、急功近利的想法，看不起基層的工作，一進單位就希望自己能夠做大事。一旦自己不被重視，就抱怨老闆「有眼無珠」。然而事實上，不肯在小事上下功夫的人，一定做不成什麼大事。

就像中國古語裏面說的那樣：「天下大事，必作於細；天下難事，必成於易。」

密斯‧凡‧德羅是二十世紀世界上四位最偉大的建築師之一，當他被要求用一句話來描述他成功的原因時，他只說了五個字——「魔鬼在細節」。他反覆強調的是，不管你的建築設計方案如何恢宏大氣，如果對看似小事的細節把握不到位，就不能稱之爲一件好作品。

在此，我們應該時刻警醒自己：如果希望成功，就千萬不能急功近利，而要歷練自己的心境，沉澱自己的情緒，學會從零做起，從小事做起。只有這樣，才能讓自己成爲一個能擔大任的人；只有這樣，才能獲得令自己滿意的人生。

3 養成自律的好習慣

具三心者必生彼國：「一者至誠心，二者深心，三者迴向發願心。」

——弘一法師

「我正在考慮研究」「我正在準備」「我正在等候時機」……在這些藉口託辭的掩蓋下，我們放任歲月流逝。

有的人養成了拖遝的習慣，常常用一些漂亮的藉口來掩蓋。說什麼「我正在分析」，可是無數個月過去了，他們還在分析。他們沒有意識到，他們正在受到某種被稱之爲「分析痲痹」的病毒的侵蝕，這樣只會使他們越陷越深，永遠也不能實現自己的夢想。

還有另外一種人是以「我正在準備」做藉口的，一個月過去了，他們仍然在準備，好多個月過去了，他們還沒有準備充分。

他們沒有意識到這是一個嚴重的問題，他們正在受到某種被稱爲「藉口」的病毒的侵蝕，他們不斷地爲自己製造藉口。

有一首著名的詩是這樣寫的：

「他在月亮下睡覺，
他在太陽下取暖，
他總是說要去做什麼，
但什麼也沒做就死了。」

生活中最可悲的話語莫過於：「它本來可以這樣的」「我本來應該」「我本來能夠」「如果當時我……該多好啊」，生命是不能開玩笑的，從來就沒有虛擬語氣的說法。

我們之所以會把問題擱置在一旁，最主要的原因就在於我們還沒有學會對自己的人生負責，這也是我們後來後悔的時候痛苦不堪的原因。

將自律視爲一種習慣。不要以失敗做爲藉口，請立即開始行動。要知道，自律不是一蹴而就的，自律是需要經過一段時間的考驗方可成功的。同時，自律也是通向成功的必經之路，唯有經過不斷地堅持，再加上一點耐心，我們才可能逐漸地養成自律的好習慣，進而大步地向自己的人生目標前進。

4 穩紮穩打，才能步步為營

有才而性緩，定屬大才；有智而氣和，斯為大智。

——弘一法師

如果我們現在所做的事情，是一些脫離現實的無意義的事情，那結果將是空忙一場。

在軍事戰略中，有一種戰術是：不講究速度，不追求奇特，只看重穩健和後勁。戰場上不要好高騖遠，穩紮穩打才是取勝的策略。

打仗如此，做人更是如此。理智的人雖然也十分嚮往成功，但他們不會爲了快速實現人生價值而訂下不切實際的目標，因爲他們明白：成功需要一步一個腳步地走出來，沒有人可以一步登天，實現目標就如同在大海中行船，只有時刻接受著燈塔的指引，才可以順利地抵達目的地；如果被海市蜃樓所迷惑，就一定會迷失方向，從而不知所措。

實現目標應該符合客觀實際，符合自己的能力水準、一步步穩紮穩打，切不可好高騖遠。穩紮穩打，必然會得到一定的收穫。

5 你過得是否充實

我只希望我的事業失敗。因為事情失敗、不完滿，才能使我常常大感慚愧，從而能夠知曉自己的德行欠缺，自己的修善不足，那麼我才可以努力用功，努力改過遷善！

——弘一法師

爲什麼相同的時間，有的人過得無比充實，每天臉上堆滿了笑容，有的人卻渾渾噩噩，虛度一生？這就是不懂得充實自己的後果。

在人生的道路上，任何時候都要學會充實自己，完善自我。如果不想在一項競賽中輸在終點上，就得平時訓練自己擁有一定的競技水準。從現在開始，聚精會神地把握每個機會，不斷地從學習和各種方式中充實自己的生活。

曾經有一位佈道的神父初到一個小鎮上，對當地的街道不是非常熟悉，一天他由於臨時有事，要到附近的郵局去一趟，但走到半路卻不知道如何走了，這時他看見一個小孩，向對方請教：「小朋友，你可以告訴我去郵局的路嗎？」

小孩見是個神父，於是非常尊敬且詳細地告訴了他前去的方向。

臨走的時候，神父為了表達自己的感謝，對小孩說：

「小朋友，非常感謝你，為了表達我對你的感謝，星期天你來教堂找我吧，我可以告訴你通往天堂的路。」

小孩說：「不用了，你連到郵局的路都找不到，又如何能夠告訴我通往天堂的路呢！」

如果要想獲得他人的信任，必須首先要將自己充實起來，否則當對方向你提出疑問時，卻無法給對方一個滿意的答覆，對方又怎麼能相信你所給的承諾或者你所提供的機會呢？神父連最起碼的街道都需要向一個小朋友請教，卻說自己知道通往天堂的道路，實在無法令這個和他對話的小朋友信服。

充實自己，才能獲得他人的信任。如果你不斷地去充實自己的內心，便會發現一個一天更比一天睿智，一天更比一天瀟脫，一天更比一天高雅的你。那麼，你的魅力也就會不由自主地展現出來，你必將成爲受人歡迎之人。

可能你會認爲培養高雅的品味、優雅的生活、文化藝術的修養等需要金錢的後援，只有先賺到了錢才能提高品味，有錢才能談品味。

其實，完全不是這麼回事。的確，有錢人更容易接近高標準的物質和精神生活，但是品味跟金錢卻沒有絕對的關係。

一個人的品味並不是由他的財富決定的，而取決於他所接受的教育、他的生活觀、他的性格和他所處的環境。就像一個人的穿著，並不在於要多麼華麗，而是在於搭配得是否恰當與得體。

首先需要增長見識，特別是文化方面的修養。不要把自己局限在個人的小圈子裏，兩耳不聞天下事。有空可以多跑跑圖書館，聽音樂會，參觀名書畫展、藝術品展覽，多參與一些文化人組織的活動。雖然這些活動你未必都感興趣，但多參加能使你從優秀作品中汲取營養、開闊視野、豐富知識、陶冶情操，從而提高你的文化底蘊和文化修養，讓你在不知不覺中受到文化洗禮，談吐也會變得有內涵。

6 珍惜獨處的時間

心志要苦，意趣要樂，氣度要宏，言動要謹。

——弘一法師

獨處，能夠讓你漸漸地看清楚自己「不對」的地方，看清自己習慣於附著在哪個點哪個地方。或者說，看看自己的整個人生大部分時間都在被什麼所吸附著。真正喜歡並享受獨處的人無狂喜亦無大悲，多一份寧靜執著，少一份狂熱浮躁，固守著一份達觀祥和的心境，享受著快樂人生。所以，無論生活多麼繁重，我們都應在塵世的喧囂中，找到這份不可多得的靜謐，在疲憊中給自己的心靈一點小憩，讓自己屬於自己，讓自己解剖自己，讓自己鼓勵自己，讓自己做回自己……

獨處作爲一種生活的狀態，可以獲取到歡聚中獲取不到的快樂，它可以使自己擺脫浮躁，使心態變得更加清爽，更加單純，也更加豐富。那是一個擺脫了紛擾的時刻，因而可以強烈地感受自己，感受世界。

獨處並非孤僻，也非孤傲，更非借此顯示自己的孤峭、與眾不同。獨處是於紛繁之中，給自己營造一座心靈的別墅，讓自己真正地安靜下來，整理自己的思緒，尋找丟失了的思想，尋找智慧，甚至是尋找迷失的自我。

我們的心靈既需要走向人群，與人交往，與人切磋，與人共事，感受歡聚的快樂，同樣也需要獨處，就像工作了一天以後，總要回到家中，過另一種日子。

有位丹麥作家寫到：「衡量一個人獨處的標準是：在多長的時間裏，以及在怎樣的層次上他能夠甘於寂寞，無須得到他人的理解。能夠畢生忍受孤獨的人，能夠在孤獨中決定永恆之意義的人，距離孩提時代及代表人類動物性的社會最遠。」

獨處是人性的需要，是靈魂的需要，當一個人學會與自己相處的時候，就找到了真正的自我，所以學會獨處吧，當這種美好的感覺越來越穩定的時候，我們的心便不再黏連在某個附著點上。在這種情形下，我們的心才是自如的，喜悅的！

【第五章】

不抱怨，心態更好

實踐一句名言，比說千句來得有用。悟佛之言，定要行佛之行。
「放下」，它不僅僅是一個簡單的動作而已，
它有可能意味著從頭再來，你以前的成果都會毀於一旦。
能夠做到「放下」這一點，則是需要一種人生境界和生存智慧。

1 抱怨只會糟蹋你的心情和健康

導致你受苦的不是身體，而是你錯誤的知見。往自己以外看，是比較和分別，這樣是找不到快樂的。

——弘一法師

弘一法師講過這樣一個故事：

有一位法師，他在乘坐公車的時候，看到一位老太太拉著她的孫子上了車，車上的人非常多，已經沒有座位了。法師看這位老太太年齡很大，於是就把自己的座位讓給了她，可是，這位老太太卻心疼孫子，把座位讓給了孫子坐。

這位法師在心中嘀咕道：「我是看你年齡大，站不穩，才給你讓座的啊！」

過了兩三站之後，老太太和她的孫子就要下車了。老太太回頭四處張望著，她並不是在找法師，而是在車的後面有一位她認識的年輕人，她把這位年輕人叫了過來，讓他坐到了這個座位上。

法師心中想：「怎麼有這種人呢？我讓座位給你，你不坐了，應該再還給我啊，至少也應該向我表達一下謝意，卻什麼都不說，竟然還叫別人來這裏坐。」

為了此事，這位法師耿耿於懷，總是想起這件事情。十多年過去了，他還在不停地向別人抱怨著這件事，以此來說明人性是多麼自私。

其實，這位法師就沒有做到放下，「放下」是事情過了之後，就不再牽掛、不再影響到自己。而這位法師卻總是向他人抱怨這件事情，他因爲這件事而耿耿於懷，甚至向人們談論了十多年。

只要我們生活在這個世界上，就會遇到各種各樣的問題。生活中有問題是很正常的事，沒有問題才是不正常的。如果我們一遇到問題就開始無休止地抱怨，一味沉溺在已經發生的事情中，那麼我們只會活在迷離混沌的狀態中，看不見前頭一片明朗的人生，生活也會失去很多樂趣。人生就像騎單車，如果不左右調整以保持車的平衡，那麼必定會摔個大跟頭。遇到問題的時候，如果你不善於調整自己，重新把握好平衡，那我們就將陷入一個十分被動的局面中。

遇到問題，如果我們只是抱怨，不能冷靜地分析形勢，調整心態，認真地找解決問題的方法，也許就會越陷越深，情況就會變得愈加糟糕。一個積極的想法，一個果斷的行動，比毫無意義的抱怨要有用得多。

2 「能說」「不能行」，不是真智慧

實踐一句名言，比說千句來得有用。悟佛之言，定要行佛之行。

——弘一法師

雖然每個人的成功都有運氣的成分，但是首先需要人們有勇氣去嘗試，只有這樣，當運氣來臨時，你才能夠抓住機遇。如果沒有勇氣，不敢去嘗試，你永遠都不會擁有任何機會。只有擁有勇氣的人才不怕風險，而願冒風險的人往往會有機會得到更好的回報。

弘一法師認為：「能說不能行，不是真智慧。實踐一句名言，比說千句話來得有用。悟佛之言，定要行佛之行。說得一丈不如行得一尺。會禪語而不能行佛事，與人在水底坐叫渴，飯籮裏坐叫饑何異？」

其實，生活就是一扇大門，在開啓之前，成功與失敗都無法斷定，但當它對你關閉著的時候，你要邁向成功的第一步就是：必須具備敲門的勇氣。如果連敲門的勇氣都沒有，你就不要談什麼成功了。

3 換個角度看世界

人生在世，難免碰壁，這時切莫鑽牛角尖，不妨換個角度，說不定就能闖出一條更寬闊的道路。

經驗是我們的寶貴財富，我們常常以過去的成敗來看將來的機會。但是，經驗常常限制了我們的頭腦，使我們看不到新東西，創造不出新方法。

——弘一法師

原本同樣的事物或問題，選擇不同的角度去觀察分析，就能夠得出大相徑庭的結果。

美國威克教授曾經做過一個有趣的實驗：將一些蜜蜂和蒼蠅同時放進一隻平放的玻璃瓶裏，使瓶底對著光亮處，瓶口對著暗處。結果，那些蜜蜂拼命地朝著光亮處掙扎，最終氣力衰竭而死，而亂竄的蒼蠅竟都溜出瓶口逃生。

看來，在逆境當前時，我們有時需要的不是對規則的遵循，而是對規則的突破。我們應該看到，在一個千變萬化的世界裏，靈活機動的行動比有序的衰亡好得多。

循規蹈矩，一味守舊地求穩求安，只能裏足不前。要有所發展，就要能夠變通、勇於創新，要學會變通的本領，善於打破一切常規。

一九二四年，美國傢俱商尼克爾斯的家突然起火，大火將他準備出售的傢俱燒了個精光，只留下一些殘存的焦松木。

看著家中一片狼藉，尼克爾斯傷心不已。但是突然，這些燒焦的松木獨特的形狀和漂亮的紋理卻將他的目光吸引住了。他用碎玻璃片削去焦松木上的塵灰，用砂紙打磨光滑，然後塗上一層清漆，居然產生了一種溫馨的光澤和非常清晰的紋理。尼克爾斯驚喜地狂叫起來，不久便製作出了仿木紋傢俱。

一場大火，給尼克爾斯帶來了災難，同時也帶來了財富。現在，他的第一套仿木紋傢俱還完好地收藏在紐約州美術館中。

世上沒有解決不了的困難，只是我們還沒有想到解決的辦法。事情往往就是這樣，面對困難，換個角度，你就可以成功。

當然，變通不是朝令夕改，不是故意尋求不同，它只是讓你更好地實現目標。我們要敢於打破一切常規，有積極進取的精神和挑戰的勇氣，善於改變不適宜的東西，重塑新的起點。只有懂得變通，才可以靈活運用一切你所知的事物，還可巧妙地運用你並不瞭解的事物，在恰當的時間內把應做的事情處理好。

4 從頭再來又何妨

「放下」，它不僅僅是一個簡單的動作而已，它有可能意味著從頭再來，你以前的成果都會毀於一旦。

能夠做到「放下」這一點，則是需要一種人生境界和生存智慧。

——弘一法師

再強大、再穩固的事業也會有遭受到挫折的襲擊的一天，也會有抵擋不住的一天，失去了，失敗了，被淘汰了，這都沒有什麼，這或許只是你人生的一部插曲，事業本來就是沉沉浮浮，我們不要垂頭喪氣，不到生命的盡頭，我們依然有脫穎而出的機會。

走出困境並不是你所想像的那麼複雜，那麼艱難。放下失敗，放下一切，重新開始也沒有什麼。回想自己曾經奮鬥時的酸甜苦辣，這也是一種別樣的享受。那時的滿足感會將辛苦和疲憊全都覆蓋了。

一切的輝煌都只是過去，有太多的人總是沉浸於過去的成就中，而忘了今天的腳步應該邁向哪個方向。失敗或許可以讓你更清楚地看清自己、認清錯誤，如果只是一味地抱怨，而不改變策略，不改變方法，只會讓你重複昨日的失敗。

聯想集團的董事長楊元慶用一個「歸零」的制度來不時地規範自己。當他進入聯想後，因為工作出色，很受柳傳志的器重，其他人都隱隱看出來，柳傳志準備讓他作接班人。楊元慶難免會有些自以為是。當他的看法與他人的不一致時，根本就不懂得讓步，結果是與其他人間的矛盾不斷地加劇。

有一次，在大庭廣眾之下，柳傳志並不顧他的面子狠狠地批評了他。楊元慶無法忍受這種羞辱，晚上回家後，馬上就寫了一封辭職信。

等他衝動淡化了，心情平靜後，他認真地反思了一下自己，終於想通了。他覺得柳傳志的批評是對的，這不僅是對公司負責，也是對他的器重才會如此批評他。他發覺了自己的過錯，於是撕掉了辭職信，改為一封檢討書。

經過這次經歷，楊元慶認識到自己不僅要能幹，還要敢於「歸零」，不斷地要求自己從頭開始。聯想在他的帶領下有了很大的跨越。

許多成功者都是在不斷地「歸零」，讓自己不斷地重新開始。聰明人的人生準則就是「放下」，他們不會總是背負著過去的生活，不管他們過去多麼輝煌或多麼暗淡，不管過去的榮與辱、苦與甜、成與敗，他們都會隨時放下，然後輕裝前進，從頭再來，不會在做了一件事後因灰心喪氣或得意忘形而影響到今天的成敗，他們是創造今天的成功並且享受今天的成功。他們知道如果總是背負著過去，只會讓他們沉浸於其中，從而迷失了前進的道路。

世人所謂的成功者，就是能夠做到及時放下，同時又能及時開始的人，無論他們的事業做得多麼成功或是多麼失敗，都有能力及時放下或及時開始。

真正輝煌的人生就是永遠有能力重新開始的人，一個個「開始」壘砌成令人仰望的高峰，而這一個個「開始」又依賴於「放下」。不放下，就得背著過去開始，背著過去行走在今天的路上，那你能夠走得快，走得自在輕鬆嗎？

5 停止抱怨的有效步驟

佛者，是覺也。既然能覺悟，自然知道用力專心念去。魔者，是惱也，惱害眾生慧命。知道他惱害慧命，當然更加用力專心地去降伏他。

——弘一法師

不管走到哪裡，都能發現許多才華橫溢的失業者。當你和這些失業者交流時，你會發現，這些人對原有工作充滿了抱怨、不滿。要麼怪環境不夠好，要麼怪老闆有眼無珠，不識才，總之，牢騷一大堆，積怨滿天飛。殊不知，這就是問題的關鍵所在——抱怨的惡習使他們丟失了責任感和使命感，只對尋找不利因素興趣十足，從而使自己發展的道路越走越窄，不斷退步。

事實上，你很難遇到一個會經常大發牢騷、抱怨不停的成功人士，因為成功人士都明白這個道理：抱怨如同詛咒，怨言越多越容易退步。

6 抱怨不是聊天的話題

德盛者其心平和，見人皆可取，故口中所許可者多。
德薄者，其心刻傲，見人皆可憎，故目中所鄙棄者眾。
——弘一法師

大多數人都會覺得抱怨是很好的發洩工具，在受到挫折或面臨困難的時候可以放鬆自己的心情，然而往往忽略這種情緒對自己的負面影響。

愛抱怨者，可能很難意識到：很多抱怨都是他們自己一手造成的！你的工作沒做好，上司自然會找你麻煩；你不注意健身，當然沒有適合你的衣服；你不看天氣預報，被雨淋了又能怪誰？所以當你試圖抱怨的時候，不妨先從自己身上找找原因。

如果一個人把抱怨當成習慣，就會失去與別人交流的能力。

你有沒有這種經歷呢？在你心情很好的時候碰到一個人，這個人一上來就說天氣有多麼糟糕，他的生活多麼黯然無光，這個時候，你的大腦會隨著他的語言思考，結果，你腦中的畫面便是一幅幅不愉快的景象，你的心情也會因此而變得莫名壓抑。下一次，你就會儘量避開與這個人交流。

心理學家說，人若有抱怨，應該說出來，才不會在心內鬱積，憋出病來。這個說法基本上是沒錯的，但旁人不是你的「出氣筒」。

生活中，哀傷、鬱悶、不滿是每個人都會有的情緒。如果你一味地去抱怨那些讓人煩惱的事情，那麼永遠都不會有一個積極的心態去對待生活。抱怨的事情越多，就會覺得痛苦的事情越多，從而也會對生活失去希望。

抱怨就像烏雲一樣，如果一直沉浸於其中，只會令自己淪陷在痛苦的沼澤中不能自拔。

【第六章】

放下狹隘，心寬天地才寬

擁有財富的人，不如擁有智慧的人。

你永遠要寬恕眾生，不論他有多壞，甚至傷害過你，

你也一定要放下，這樣才能得到真正的快樂。

1 容納異己是人類最崇高的美德

你永遠要寬恕眾生，不論他有多壞，甚至傷害過你，你也一定要放下，這樣才能得到真正的快樂。

——弘一法師

一個聰明的人，必然是一個擁有博大胸襟，能夠包容他人的人。

我們每天免不了要與形形色色的人打交道，在這些人中，難免會有自己不喜歡的人。比如你討厭的老闆，你不喜歡的長輩，你厭惡的同事，甚至與你素不相識的人。如果你與他們個個都要較真，你一天真的不知道要得罪多少人，也不知道要生多少氣。

你不喜歡他人，不代表他人不存在。你將厭惡寫在臉上，或者別人說話你愛答不理，甚至是惡聲惡氣，只能說明你氣量狹小。能容得下不喜歡的人，並與之和睦相處，體現的不只是一個人的修養，更是一個人的氣度和胸懷。

學會和不喜歡你的人相處，並不如想像中之難，摒除自己的偏見是最關鍵的。

不喜歡某些人也並不代表一定就要完全討厭對方，只要我們試著擺正心態，主動一點，就一定會將可能形成的敵對局面變成一片和諧。

(1)增加接觸的機會，對對方好一些。也許你選擇躲避這些人，但多接觸則會改善關係。

(2)要投其所好，如果對方喜歡喝點小酒，那麼就私下請他喝點，如此可改善關係。

(3)要主動地活絡氣氛。

(4)保持適當的距離，與不喜歡的人相處時，適當的距離可以避免不必要的樹敵。

(5)在關係僵持或惡化的時候，一定要主動表示友好，不要礙於面子、難為情。

(6)包容和忍讓是最重要的。有時哪怕你善待對方，對方還是對你不好，但你仍舊要繼續保持與對方友好的態度，畢竟連動物都有感情，更何況是人呢？只要心存善念並不斷地付出，對方一定會轉變。

一個真正智慧的人，在對待自己不喜歡的人時，也會示以尊重，笑臉相迎，友好相處。所以，我們應該試著和自己不喜歡的人友好相處，嘗試著去接納對方，甚至要嘗試和敵人微笑擁抱。這是氣度，更是胸襟。

2 能駕馭金錢，才是生活的強者

擁有財富的人，不如擁有智慧的人。
——弘一法師

一項調查顯示，人類有百分之七十的煩惱都是和金錢有關。人若是爲了錢而活著，是一種變態的心理，因爲他的一切所作所爲都是被錢所左右的。這樣的人沒有第二條路可走，他們會在金錢面前變成奴隸，埋沒其他所有的有價值的理想和目標。

一個歐洲觀光團來到了一個原始部落，這裏有很多具有地方特色的物品。其中，一位老者正十分專注地做草編，看起來非常精緻，一位法國遊客想：「如果把這些草編運到法國，一定會得到女人們的喜愛，甚至會引起瘋狂的搶購。」想到這兒，法國遊客問老者：「請問這些草編多少錢一個？」

老人回答：「十比索。」

「天哪，這太便宜了，」法國遊客欣喜若狂，接著問：「如果我要買十萬個這樣的草帽和十萬個這樣的草籃，需要花多少錢呢？」其實，法國商人是想把價錢再往下壓一壓，這樣他就可以賺到更多錢。

老者出人意料回答說：「如果這樣的話，那我得收你二十比索一件！」

法國遊客不敢相信自己的耳朵：「什麼？二十比索？這是為什麼？」

老人生氣地說道：「為什麼？如果我做十萬件草帽和十萬個草籃，那麼我就沒有一點時間來做其他事情了，這樣會讓我覺得乏味！」

老人的回答，值得我們每個人深思，他不為金錢所動的精神實在讓人佩服。也許換成別人，早就已經高興得忘乎所以了，即便把自己忙得暈頭轉向、天昏地暗也在所不惜。可他卻寧願享受快樂，也不願以金錢來換取單調的生活。在我們的周圍，這樣的人又有多少呢？

面對財富，保持一份平常心很重要。一個真正懂得生活的人會明白，生命中不是只有賺錢這一件事，還有比它更加重要的東西值得我們去追求。他們也追求金錢，但絕不會做金錢的奴隸。

在一生之中能賺到幾千萬的人並不多，但是我們能從工作中賺到歡喜，賺到尊重；從與人相處中，賺到禮貌，賺到關懷；從信仰中賺到心安，賺到慈悲……這些內心的「錢財」，勝過銀行的利息和紅利。人生在世，錢雖然很重要，但卻不是絕對萬能的，因為除了金錢以外，還有許多對人生更有意義、更值得追求的東西。

3 幫助別人，就是幫助自己

善良的人在心理上容易心安理得，幫助別人後，自己也常處在快樂之中，這本身就是對善良的人的獎賞。

——弘一法師

自古以來，「善」字始終受到世人的推崇：待人處事，強調心存善良、向善之美；與人交往，講究與人爲善、樂善好施；對己要求，主張獨善其身、善心常駐。善意產生善行，同善良的人接觸，往往智慧得到開啓，情操變得高尙，靈魂變得純潔，胸懷更加寬闊。善良之人經常造福他人，實際上也是造福自己。「幫助別人，就是幫助自己。」這句話絕不只是簡單的因果報應，而是做人的根本。讓善良與生命同在，對人來講是莫大的福分。

在第二次世界大戰中的某一天，歐盟最高統帥艾森豪在法國某地乘車返回總部，準備參加緊急軍事會議。

那一天大雪紛飛，天氣寒冷，汽車一路奔馳。他看到一對法國老夫婦坐在路邊，凍得全身發抖，立即命令身旁的翻譯官下車去詢問緣由。一位參謀急忙地提醒他說：「我們必須按時趕到總部開會，這種事情還是交給當地的警方處理吧！」可是艾森豪堅持說：「如果等到警方趕來，這對老夫婦可能早就被凍死了！」

經過詢問，才知道這對老夫婦原本是去巴黎投奔兒子的，但是汽車卻在中途拋錨了。這裏前不著村後不著店，因此不知如何是好。艾森豪聽後，立即請他們上車，並且將老夫婦送到巴黎。然後才趕回總部。

艾森豪並沒有想過行善圖報。然而，他的善良卻得到了意想不到的回報。原來，那天納粹的阻擊兵早已預先埋伏在他們的必經之路上，等他的車一到就立刻實施暗殺行動。如果不是為幫助那對老夫婦而改變了行車路線，他恐怕很難躲過那場劫難。假如艾森豪遭到伏擊身亡，那整個二戰的歷史很可能因此而改寫了。

世人有時會認爲善良的人很傻、很笨，其實善良是人性中最崇高的美德，行善積德的人，是最令人敬佩的。一個人只有具備了善良的心，才能夠完善自己的人生。一個人不會因爲自己的善心善行而損失什麼，相反地，他還會因爲自己的積德而得到福報。

播種善良，才能收藏希望。一個人可以沒有讓旁人驚羨的姿態，也可以忍受「缺金少銀」的日子，但離開了善良，卻足以讓人生擱淺和褪色。

4 只要自己身正，一切流言都不足為懼

聞惡，不可即嗔，恐為讒夫洩憤；聞善，不可即親，恐惹奸人近身。

——弘一法師

人活於世，身後難免會有是非流言，也難免會被別人議論，甚至被誤解，很多人可能會傷心、難過，情緒難免會被流言所左右。其實，只要你能冷靜下來想一想，這是大可不必的，因爲所謂的「流言」，只不過是你耳邊的一陣風而已，在它產生的一瞬間便已經沒有對錯之分，如果你與其較勁，就是在拿別人的錯誤懲罰自己。

所以當我們在生活中聽到有關於自己的「是非流言」時，只要將其擱置一旁不予理睬，一段時間後它便會煙消雲散，因爲「是非止於智者」，流言是經不起推敲的。

慧緣法師是唐代著名的法師，他曾獨自一人在寺院後的山岩洞裏修行了十年，後來又回到承天寺，每天夜裏都會在寺中通宵打坐。

有一天，大殿上功德箱裏面的錢突然丟失了，法師無疑成為眾人懷疑的對

象。因為在他回寺之前從未發生過此類的事情，而且大家都知道他每夜都會在大殿內打坐，如果是別的盜賊前來行竊，他應該知曉才是。

當寺院住持當眾說起這件事的時候，慧緣法師並沒有任何反應，於是所有人都認為偷功德款的人一定就是慧緣了。寺中的僧人無不對慧緣法師另眼相看，都向他投來鄙視的目光。

慧緣法師處在這種人人怒目相視的環境中，仍然能夠心平氣和、若無其事。他既沒有站出來喊冤叫屈，向眾人申明一切，也並沒有流露出半點受委屈的情緒，而是與平常沒有兩樣，每天按時去吃飯、每晚還是照樣去大殿打坐。

終於，在七天後，寺中的住持才來揭開了謎底：原來功德款根本沒有丟失，只是住持為了考驗慧緣法師而設的局，住持想知道慧緣法師在山洞中修煉了十年到底達到什麼樣的境界。沒料到他竟能在遭遇冤枉的情況下，依然不改常態，以一顆平常心去生活，為此，全寺上下無不由衷地對他產生了崇敬。

清新脫俗的蓮花，出淤泥而不染，濯清漣而不妖。但倘若沒有淤泥，又如何生得出蓮花呢?每個人都無法左右別人的思想，但命運並不會因爲別人對你的歪曲和誤解而定格你的人生，很多人可以對你指手畫腳，但他們並沒有決定你命運的權利。

雲海禪師是一位善於繪畫的高手，可是他每次作畫前，必堅持購畫之人先行付款，否則決不動筆，因為這樣，旁人常有微詞。

一天，一位財主請雲海禪師幫他作一幅畫，禪師問：「你能付多少酬勞？」「你要多少就付多少！」財主回答道：「但我要你到我家去當眾揮毫。」

雲海禪師允諾跟著前去，原來那財主家中正在宴客，雲海禪師以上好的狼毫為他作畫，畫成之後，拿了酬勞正想離開，那財主就對宴桌上的客人說道：「這位畫師只知要錢，他的畫雖畫得很好，但心地骯髒，金錢污染了他的善美。出於這種污穢心靈的作品是不宜掛在客廳的，它只能裝飾我的衣衫。」

說著便將自己穿的衣衫脫下，要雲海禪師在它後面作畫。

禪師問道：「你出多少錢？」

財主答道：「隨便你要多少。」

雲海禪師開了一個特別昂貴的價格，然後依照那位財主的要求，在他的衣衫上畫了一幅畫，畫畢立即離開。很多人都懷疑，為什麼只要有錢就好？受到任何侮辱都無所謂的雲海禪師，心裏是何想法？

原來，在雲海禪師居住的地方經常發生災荒，富人都不肯出錢救助窮人，因此他建了一座倉庫，貯存稻穀以供賑濟之需。又因他的師父生前發願建寺一座，但不幸其志未成而身亡，雲海禪師便想要完成其志願。

當雲海禪師完成其願望後，立即拋棄畫筆，退隱山林，從此不復再畫。他只說了這樣的話：「畫虎畫皮難畫骨，畫人畫面難畫心。」

很多時候，流言只是一些無聊的人在無聊的生活之餘的談資而已，本身並沒有什麼惡意。對於這些隨口而出的評價，我們也完全可以置之不理，即便是偶然從他們身邊路過聽到，也可以一笑了之，沒有必要將之放在心上。

一些帶有攻擊性的惡意的流言，大多是在人們不平衡的心理作用下產生的。對於這樣的流言，我們更應該一笑了之。別人忌妒你，說明你比對方優秀，一個優秀的人是沒有必要與一個不如自己的人計較的。再者，這些帶有攻擊性的惡意的流言，是對方故意讓你傷心難過的，如果你真的爲此而傷心難過，豈不是正中了對方的下懷。爲此，對於一些惡意的流言，我們也可以完全置之不理。但是，對一些子虛烏有，且已經對自身的名譽造成了重大損害的流言，我們則可以考慮以法律的形式加以追究，即便是借助法律武器，也沒必要給自己太大的心理壓力，因爲一切都是人之常情而已。

另外，一些流言如果真涉及自己的不當言行，也應該及時注意並加以改正，將之看作一個完善自身的機會，切不可爲此而陷入極大的精神壓力之中。

如果你是個膽小懦弱、害怕「眾口鑠金」的人，要想自己不爲流言左右，最好的辦法是謹言慎行。如果你是個開朗樂觀的人，就沒必要在這種事情上浪費自己的時間了，因爲你的人生是屬於自己的，跟別人又有什麼關係呢？

5 解開名韁利鎖，視名利為浮雲

忍狂妄，忍狷介，耐清寂，耐不遇。

——弘一法師

《紅樓夢》有言：「世人都說神仙好，唯有功名忘不了。」滾滾紅塵，人人都想活得瀟灑一點、輕鬆一點、快樂一點，但終其一生也瀟灑不了、輕鬆不了、快樂不了。因爲他們被什麼東西拖住了、纏住了、壓住了，這東西就是功名利祿。

很多人在沒有名的時候想出名，甚至不惜一切代價和手段。很多人在有了名之後，又戰戰兢兢，害怕失去，身心得不到安寧。很多人相對於沒有出名前，出名後的心態更難調整，所以，能放下身上那一圈光環的能有幾人？

有一次，亨利·福特到英格蘭去。他要找當地最便宜的旅館。接待員看了看他——這是張著名的臉，全世界都知道亨利·福特。就在前一天，報紙上還刊登了他的大幅照片。現在他穿著一件像他一樣老的外套，還要住最便宜的旅館。

接待員說：「要是我沒搞錯的話，您就是亨利・福特先生。我記得很清楚，我看到過您的照片。」

那人說：「是的。」

接待員非常疑惑，他說：「你穿著一件看起來像你一樣老的外套，要住最便宜的旅館。可我也曾見過你的兒子上這兒來，他總是詢問最好的旅館，他穿的是最好的衣服。」

亨利・福特說：「是啊，我兒子有個好爸爸，而我不行，因此即便是住在最便宜的旅館裏，我也是亨利・福特。這件外套，是的，這是我父親的，但這有什麼關係呢？」

成就和名利是分不開的，當我們在某個行業取得很高的成就的時候，名利也就隨著而來。重要的是，有了名之後，我們該怎麼對待它。

陸游的《一壺歌》中這樣寫道：「看盡人間興廢，不曾富貴不曾窮！」陸放翁一生坎坷，雖曾仕進朝廷，但未曾眷戀，他唯一的期盼便是黎民和國家。他認爲人生中沒有什麼不能放下的東西，功名利祿不過浮雲；當你參透了人生深邃，自然對得失就不再放在心上。

古典巨作《鏡花緣》的作者李汝珍曾說：「看破紅塵，頓開名韁利鎖。」是啊，名和利不過是捆在每個人心頭上的韁鎖，看淡看輕才能掙脫束縛，才能抵達人生的至境。

6 虛懷若谷，內斂而不張揚

知足常有懼心，退一步做見益而思損，持滿而思溢，則免於禍。

——弘一法師

很多人認爲老子是有智慧的人，他的「大成若缺」「大盈若沖」「大直若屈」「大巧若拙」「大辯若訥」等等，讓人體味無窮。

唐代大詩人白居易才高八斗，剛直耿介。他在朝為官時，許多無才無德的小人都把他視為攻擊對象。

一次，唐憲宗召見白居易，對他說：「你詩名很大，為人忠直，不像是個奸詐之人，可為什麼總有人彈劾你呢？」

白居易說：「皇上自有明斷，我說什麼也是無用的。不過依我看來，我和那幫人道不同不相為謀，一定是他們嫉恨我的才華忠直。否則，我和他們無冤無仇，他們為什麼會無端誣陷我呢？」

白居易自知難與小人為伍，卻不屑掩飾鋒芒，他對那些無能之輩常出口譏諷，不留半點情面。

一次，朝中一位大臣作了一首小詩，奉承他的人不在少數。

白居易看過小詩，卻哈哈一笑，說：「如果說這是一首好詩，那麼天下人都會寫詩了。」

事後，白居易的一位朋友勸他說：「你身處官場，不應該當眾羞辱別人。你不是和朋友談詩論道，在朝堂上若講真話，人家只會更加恨你了。」

白居易說：「我最看不慣不懂裝懂之人，本來我不想說，可還是壓抑不住啊！」白居易自恃有才，說話辦事往往少了客氣。

白居易對皇上也大膽進言，只要他認為不對的事，他就直言上諫，全不顧任何禁忌。

河東道節度使王鍔為了晉升官職，大肆搜括百姓，他向朝廷獻上了很多財物，唐憲宗於是準備讓他當宰相。朝中大臣都沒有意見，只有白居易站出來反對。

唐憲宗生氣地說：「你是個才子，就該與眾不同嗎？你每次都和我唱反調，你是何居心呢？」

皇上發怒了，嫉恨他的小人趁勢說他恃才傲物，目中無人。一時間，白居易的處境更加惡劣，孤立無援。

大臣李絳同情白居易，勸他收斂鋒芒，說：「一個人如果因為才高招來八方責難，他就該把自己裝扮得平庸了。你的見識雖深刻遠大，但不可顯示出來，你為什麼總是做不到呢？這也是為官之道，不可小看啊！」

最後，白居易還是因為上諫惹禍，被貶出朝廷。白居易的才能人所共知，他盡忠辦事，見解高明，卻不能建功，只是因他的才能過於外露，優點反而變成了缺點。

弘一法師說：「內斂，可以說是我們爲人處世的傳統方式。不以物喜，不以己悲，是一種內斂；智欲圓而行欲方，也算一種內斂；凡事不張揚，得意不忘形，富足時不驕矜，位卑或者貧窮時也不諂媚，更是一種內斂。」

爲人處世，當謙虛謹慎，虛懷若谷，內斂而不張揚，即使你的才華在眾人之上，在必要的時候還是保留一些比較好。

古人云：「君子泰而不驕，小人驕而不泰。」說的就是言行舉止上的差異。它告誡我們，在日常的生活、工作中，要時刻注意自己的言行舉止，懂得在謙虛中善學，懂得在內斂中進步，而不要不知天高地厚，擺出一副唯我獨尊、鋒芒畢露的驕姿傲態。

7 放下「面子」，輕鬆做人

「放下面子」、放下身段，勇敢地去做所有你不能做的事，總有一天你會等到屬於你的機會。

——弘一法師

在現實生活中，總有一些人爲了「面子」而奔波一生，但最後還是一事無成。很多時候，我們輸的並不是自己的個人能力，而是我們這個薄薄的臉面。

「面子」這東西其實什麼都不是。可是也並不是說它不重要、它不需要保護，它是很薄的，很容易就會被刺破，因此，對待「面子」，我們需要有一種坦然的心態。敢於承認自己的缺點，不必爲了那虛無的「面子」而丟失了做人的本色。

人只有拋下「面子」，才能夠學問高深；只有放下「面子」，才能做事順利。

但丁說：「走自己的路，讓別人說去吧！」何必去太在意他人如何看待你呢？如果不夠勇敢地面對現實，而只是一味顧慮體面的問題，許多賺錢的小生意不敢去做，使自己變得貧困不堪，這不是自討苦吃嗎？其實，真正懂得顧及自己「面子」的人，是先將自己的「面子」拋到一邊。

在法國有一位少年，他從小就很喜歡舞蹈，他的理想就是成為一名傑出的舞蹈演員。可是他的家境貧寒，父母只能將他送到一家縫紉店裏去當學徒，這樣不僅能夠學會一門手藝，還能夠幫家裏減輕負擔。

他非常排斥這份工作，認為這份工作不僅繁重，更重要的是這份工作一點都不體面。他一心只想著他的理想，可是卻無法實現，他認為生活太痛苦了，因此有了結束自己生命的想法。

在他準備要自殺的時候，突然想到了自己從小就崇拜的偶像——德利布，他有「芭蕾音樂之父」的美譽。這位少年認為只有德利布才能夠明白他這種為藝術獻身的精神，於是給德利布寫了一封信，希望德利布能夠收下他，作他的學生。

他在信的最後寫道：「如果您在一個星期內不回信，不肯收我做您的學生的話，那麼我就會結束自己的生命。」

很快，這位少年就收到了德利布的回信，可是德利布在信裏並沒有提到要收他做學生的事，也沒有被他對藝術的獻身精神感動，而是講述了自己的人生經歷。德利布說：

「我在小時候的理想是成為科學家，可是家裏貧窮，因此只能跟著一個街頭藝人流浪賣藝來賺錢……人生在世，現實和理想總會存在一定的距離，生活在理想與現實的抉擇中時，我們首先是要選擇生存下來，只有好好地活了下來，才能夠使理想之星閃閃發光。如果一個人連自己的生命都不珍惜的話，那他是不配談藝術的……」

看了德利布的回信後，這位少年很是後悔。之後，他努力地學習縫紉技術，也不認為這是一件丟面子的事了。

經過他認真地學習和不斷地努力，他在廿三歲那年，在巴黎開始了自己的時裝事業，不久就建立了自己的服裝公司。這個人就是皮爾・卡登。

或許我們現在就如同先前的皮爾・卡登一樣，有著自己美好的夢想，可是現在卻做著卑微的工作，認爲這是個丟「面子」的工作。我們要像皮爾・卡登一樣徹底地與不切實際的「理想」決裂，從身邊的每一件事做起，「放下面子」，踏踏實實地做好身邊的每一件事。同樣，如果一個人想要成功，而又把「面子」看得很重的話，那麼成功只會離你越來越遠！

【第七章】

放下成見，橫看成嶺側成峰

對境無心即是禪。

禪的主要目的是讓一個人打開自己的慧眼。

知足，在禪的世界裏，是指腳步所踏處，心必如實隨之。

1 從別人的冷漠中，看到自己的不足

很多時候，不是別人看不起你、刁難你，而是你自己做得不夠好，讓人有話可說。

——弘一法師

一天，一個財主遇到一個窮人，財主對窮人說：「我這麼有錢，你怎麼不尊重我呢？」

窮人回答：「你有錢和我有什麼關係？我為什麼要尊重你呢？」

財主說：「我把我的財產分給你一半，你會尊重我嗎？」

窮人回答：「你把財產分給我一半，我就和你一樣了，為什麼要尊重你？」

財主又說了：「那我把財產全部給你呢？」

窮人說：「那我就更不會尊重你了，因為我是富人，你是窮人了。」

這雖然是一個笑話，卻說明了一個道理：如果你想得到別人的尊重，除了金錢外，還必須擁有讓別人信服的條件，包括特質、素養、情操和意志等。

所以，面對別人的不友善，我們最該做的，就是打開體內的「應急按鈕」，調動所有的「防毒軟體」，全面「修護」自己的情緒和感受，把無聊的閒言閒語和猜忌都扔掉，只留下能激勵自己的箴言。

漢代名將韓信發跡之前，曾經流浪街頭，並幾次想要以死自我了斷。一個在河邊漂洗棉絮的老太太可憐他，每天都省下一碗飯給他，一連供養了他幾十天。

韓信填飽了肚子後，忍不住慷慨激昂起來，對老太太說，將來自己一定會重重報答她的恩德。

老太太一聽，勃然大怒，訓斥道：「丈夫不能自食。吾哀王孫而進食，豈望報乎！」意思是：你一個堂堂男子漢竟不能自立，我只是可憐你身為公子而為你準備餐食而已，哪裡是要妄想得到什麼回報，你如此豪言，真是可笑至極！

老太太的一番話，可以說是相當絕情！一個老太太卻對著七尺男兒說出如此訓言，對韓信來說簡直是羞辱到了極點。然而，正是這當頭一棒，把一直沉陷於迷惘中的韓信拉了回來，讓他開始有了想要改變現狀的強烈意願。於是韓信由這番刺激中清醒過來，開始奮發向上，在歷經艱險困苦後，終於成為漢代功名顯赫的大將軍，最後也實現了對老太太的重謝。

被人嘲諷是非常難堪的事情，但因爲無法回避，所以最好的方法就是將它有效地消化，使之成爲一個激發你開拓新局面、扭轉逆勢的開端。

宋代名士蘇軾遊玩莫干山的時候，進入山腰的一座道觀進香。

道士見他穿著十分樸素，心想他應該是一個普通百姓，於是冷漠地招呼說：「坐！」然後吩咐童子：「茶！」

蘇軾落座喝茶，和道士很隨意地交談。幾番言語，道士發現來客氣度不凡，馬上請蘇軾進入大殿，擺下椅子說：「請坐！」然後又吩咐童子：「敬茶！」

蘇軾繼續和道士攀談，口中妙語連珠，道士嘖嘖讚嘆不已，忍不住打聽起來客的名字。

蘇軾微笑著說：「小官是杭州通判蘇子瞻。」

道士聞言立即起身，請蘇軾進入一間靜雅的客廳，並態度恭順地說：「請上座！」再次吩咐童子：「敬香茶！」

最後，蘇軾準備告辭了，道士請求留下墨寶。

蘇軾思忖片刻，想起道士的種種態度，於是寫下了一副著名的對聯：「坐、請坐、請上座；茶、敬茶、敬香茶」，藉以諷刺道士趨炎附勢。

蘇軾有相當的閱歷和涵養，當他遭受別人的輕視時，並沒有暴跳如雷、大發脾氣，而是很自然地按照著自己的計畫，該做什麼就做什麼，不去在意別人的態度。而那個勢利的道士，最後終於領略到了蘇軾掩蓋不住的才華，繼而感到羞愧。

別人的不友善舉止是別人的錯誤，我們無力改變。但是，我們可以盡力提升自己的形象和價值，讓自己原本微弱的力量逐漸強大，直到每個人都無法忽略我們的存在爲止。

俄國文豪屠格涅夫曾說：「先相信你自己，然後別人才會相信你。」如果連你自己都輕視自己了，那你要如何得到別人的尊重呢？

如果你本身就是一顆鑽石，不巧被遺失在一個沙灘上，被人們當作低劣的沙礫來看待。那麼，只要你不灰心，不慌亂，耐心等待一次次潮來潮湧的翻動，最後你的光亮肯定可以吸引每一個人的目光。即使海浪有可能將你繼續掩埋，那也是暫時的，你良好的特質絲毫不會因爲與沙礫混合而有所改變，你仍是一個值得珍藏的上品。

2 接受現狀，少問幾個「為什麼」

你隨時要「認命」，因為你是人。

——弘一法師

佛經說，想得愈開，活得愈好；笑得愈開，快樂愈多。

一個雲遊的高僧送給至誠禪師一個紫砂壺，至誠禪師視若珍寶，每天都要親自擦拭，打坐之餘，便用紫砂壺泡壺好茶，品茶參禪，靜心修佛。

有一天，至誠禪師與遠道而來的高僧交流佛法，留下一個小和尚打掃他的禪房，小和尚拿著師父珍愛的紫砂壺仔細端詳，一時失手，竟然將紫砂壺摔碎了。

小和尚知道自己闖下大禍，於是戰戰兢兢地捧著碎了的紫砂壺，背著藤條，等到至誠禪師歸來後，跪在佛堂前面請求處罰。

至誠禪師扶起小和尚，淡淡地說道：「碎了就碎了。」

小和尚不明白：「師父不是很珍愛這個茶壺嗎？為何茶壺壞了您卻滿不在乎

的樣子？」

至誠師父說：「茶壺已經碎了，悔恨又有什麼用呢？悔恨能讓茶壺復原嗎？既然不能，何苦沉浸在悔恨之中呢？」說罷依舊閉目參禪。

如果你不能改變現狀，就要迅速地接受現狀。

弘一法師說：「逃脫痛苦，是指知道脫離痛苦的方法，而不是指從痛苦生起的地方逃跑。若那樣子做，只不過是帶著你的痛苦一起走罷了。當痛苦生起時，你必須注意它，別只是不理它。如果痛苦生起，你必須就在那兒思考；不要逃跑，就在那兒解決。因害怕而從痛苦中逃跑的人，是所有的人當中最愚蠢的。」

3 尊重每一個人

正見的根本意義是：沒有分別，視所有的人都是平等的，陽光與雨露，對世間的一切生命都一視同仁。

——弘一法師

中國有句古話——士爲知己者死，女爲悅己者容，這是尊重的一種外在表現，同時也是尊重的巨大威力。「你敬我一尺，我敬你一丈」，這就是中國人爲人處世的倫理原則。籃球明星姚明說：「尊敬是靠自己贏得，不是靠別人給予的。」尊重是人際交往的前提條件。在職場的人際關係中，要想獲得他人的尊重，我們首先要去尊重他人。

一個人最大的渴望是得到別人的尊重，別人希望我們能尊重他們，我們內心中也希望別人可以尊重我們。但尊重要靠自己贏得，只有我們先尊重別人，才能得到別人的尊重。只有我們在心裏上有尊重別人的想法，才可能做出尊重別人的行動。

任何時候都應當尊重別人，不管對方的地位是高還是低，不論對方是我們的屬下、同事還是上司。切記不要有不禮貌之舉，因爲尊重別人等於尊重自己。

當然，要別人尊重我們，最重要是我們要成爲一個高雅的人、優秀的人，也就是我們本身必須值得別人尊重。我們的性格、志趣、愛好等，都要有值得別人尊重的地方。如果自己是一個低俗的人，即使我們尊重了別人，別人也難以尊重我們。別人會因與我們爲伍感到不自在，甚至感到恥辱。那樣，將會是我們一輩子的悲哀。

人與人之間的關係沒有什麼固定的公式可循。要從關心別人、體諒別人的角度出發，尊重別人，做事時爲對方留下足夠的空間和餘地，發生誤會時要替對方著想，主動反省自己的過失，勇於承擔責任。其實，尊重別人用不了很多的付出，也許我們一句關心的話就可以讓別人感動，讓一個心懷自卑的人樹立起自尊，讓一個處境窘迫的人重新找回自信。

4 你不容人，人不容你

好勝之心，於退讓處可見。好財之心，於與人處可見。好名之心，於譽人處可見。嫉妒的人為智者所輕蔑，為愚者所嘆服，為阿諛者所崇拜，而為自己的嫉妒所奴役。

——弘一法師

《三國演義》中，英才蓋世、文武雙全的大英雄周瑜，年紀輕輕就執掌江東（吳國）的統兵大都督要職。尤其在赤壁大戰中，更顯出叱吒風雲、謀略高人、指揮得當的政治軍事才能。他以少量東吳和劉備之師，取得大破曹操八十三萬大軍的輝煌勝利，在歷史上留下了千古絕唱的赫赫聲名。然而當後人對周瑜褒獎盛讚之際，人們也同時看到了這位英才早逝者的致命弱點，那就是他愛嫉妒。

周瑜一生肚量太小，人人皆知。比如，在取得火燒赤壁大戰成功後，他竟容不下與他共同抗曹的諸葛亮的存在，並密令部將丁奉、徐盛擊殺諸葛亮。

不料孔明早有準備，密殺不成。為此，周瑜萬分氣憤。如此不能容人的周瑜，密除同盟，過河拆橋，實在讓人心寒並為之深感可悲。

周瑜為什麼容不下諸葛亮呢？原來，足智多謀的諸葛亮處處高出周瑜一籌，尤其在關鍵時刻，事事想在周瑜之前，且能將周瑜內心的想法看得入骨三分。

正因如此，才使得量窄、嫉才的周瑜妒忌得寢食難安，隨時想除掉才智高於自己的諸葛亮。而諸葛亮總先於周瑜謀害前就有了防備，這更使量窄、嫉才的周瑜一次比一次氣憋於心，最終反而把自己給活活「氣死」。

周瑜在臨死之前，非但未能悔悟自己的致命弱點，反而仰天長嘆，曰：「既生瑜，何生亮？」連叫數聲，含恨而亡。一代英雄就這樣自掘墳墓，害人而最終害己。

一旦我們被嫉妒的毒蛇纏上，那麼生活中就會有太多的事引起我們的不平和憤恨：別人衣著比自己的光鮮，我們會憤憤不平；別人比自己多和上司說了一句話，我們會鬱悶一整天；別人的男朋友比自己的帥，我們會惱怒不止……我們因爲無法容忍日常生活中的每一件事，而時時刻刻心情煩躁，終日飽受嫉妒的折磨，最後被它灼傷。

嫉妒心理總是與不滿、怨恨、煩惱、恐懼等消極情緒聯繫在一起，構成嫉妒心理的獨特情緒。因此一定要控制好自己的情緒，不要讓嫉妒控制了我們的思維，做出一些損害別人的事情，破壞自己的人際關係。

5 如何「修平等心」

有人問我如何修平等心，我說你家裏一定有佛堂供有佛像，把你最恨的人寫一長生牌位供在佛像旁邊，每天香花供養他如佛。他說這樣不行，我見到他就討厭。此乃功夫不夠，應再用功修行，幾時見到此人不覺討厭，還尊敬他，視他平等，心就清淨了。

清淨、平等、覺是三而一，一而三，一個得到了，其餘兩個也就得到了。

——弘一法師

有人說人生會遭遇到完全不同的「三種人」：第一種是能夠「理解欣賞和器重自己的人」；第二種是「曲解中傷甚至排斥自己的人」；第三種是「與自己毫無關係，無關痛癢的人」。

第一種人對自己有知遇之恩，應當尊爲師友，滴水之恩當湧泉相報；第二種人可以智慧地遠離，而不應煩惱和計較；第三種人要以禮相待、和平共處。但是真正的智者，即便對於不喜歡自己的人，依舊可以感化他、善待他。

一位禪師在旅途中，碰到一個不喜歡他的人。那人在路上始終用各種方法來侮辱禪師，但是禪師始終都沒有理會他。

直到最後，禪師轉身問那人：「如果有人送給你一份禮物，但你拒絕接受，那麼這份禮物屬於誰呢？」

那人一愣，答道：「當然是屬於原本送禮物的那個人。」

禪師笑了笑，說：「沒錯，若我不接受你的謾罵，那你就是在罵自己。」

心寬了，路自然也就寬了。敞開心胸善待不喜歡自己的人，這其實是一種勇氣和智慧。就像禪師一樣，面對侮辱，他並沒有惱怒，始終保持一種對別人的尊重。假如我們遇到不喜歡自己的人，我們以怨報怨，以牙還牙，冷落他，侮辱他，仇視他，也許結果會很糟糕。

《資治通鑑》上記載著這樣一個故事：

狄梁公與婁師德曾經一同擔任宰相一職。狄仁傑非常不喜歡婁師德。

有一天，武則天問他說：「你知道我之所以重用你的原因嗎？」

狄仁傑回答說：「我因為文章出色和品行端正而受到重用，並不是依靠別人而庸碌成事。」

武則天對他說：「我曾經不瞭解你，你之所以作到如此高的官位，全仗婁師德舉薦。」於是令侍從拿來文件箱，拿了十幾份婁師德推薦狄仁傑的奏摺給他看。

狄仁傑看了之後，自覺十分慚愧，說：「我沒想到自己竟一直被婁公所容忍，而婁公從來沒有自誇的神色。」

人生在世，免不了要和別人相處，由於每個人的文化水準、工作生活、性格愛好等都不同，相處久了，難免會發生磕磕碰碰甚至矛盾衝突，嚴重的話還會因此產生仇恨的心理。《左傳・宣公二年》有云：「人誰無過，過而能改，善莫大焉。」人非聖賢，孰能無過！人的一生，有誰能夠保證自己沒有犯過錯誤，如果僅僅因為一個錯誤，就去否定一個人，那未免有失偏頗。其實，有些矛盾只是些小矛盾，只要有一方豁達一些、大度一些，該寬容的寬容，該忘記的忘記，問題就會迎刃而解，干戈也會化為玉帛。

6 吃飯穿衣、一言一行都是修行

對境無心即是禪。禪的主要目的是讓一個人打開自己的慧眼。知足，在禪的世界裏，是指腳步所踏處，心必如實隨之。

——弘一法師

弘一法師在日常生活中，非常注意自己的修行。

有一次，弘一法師要曇昕法師送一包紙給一個向他討書法的人。那包紙裏頭包著零零碎碎長短不齊的畫紙碎條，同時還夾雜著不少長短不一的繩子。

弘一法師向曇昕法師說：

「我們這些書法家、畫家都有一個很不好的態度，人家送來請他們畫畫或寫字的紙，往往用剩的都被他們沒收。我們出家人可不能這樣。我們得一清二楚，什麼也不能隨便。」

曇昕法師被弘一法師這種認真、儉樸的習慣深深地感動了。

弘一法師有一次生病了，曇昕法師要幫他洗衣，他卻一口回絕。

曇昕法師勸他說：「這不要緊的，你的身子不大好，我幫你洗好了。不過我洗得不大乾淨。」

他依舊拒絕曇昕法師的幫忙，並對曇昕法師說：

「我們洗衣一定要洗得乾淨才行。用來洗衣的水可一連用四回：打一盆水先用來洗臉，洗過了臉的水，還可用來洗衣，洗了衣服的水可用來擦地，最後那盆水還可以用來澆花。因此，一盆水可以有四個用途。我們出家人一定要樸實，不可隨意浪費。」

南懷瑾先生也說過：「譬如迦葉尊者，是印度的首富出身，但是他特別同情下層的貧苦社會，所以他都到貧民區去化緣，同時收的弟子也都是窮苦的人。另外一個弟子須菩提尊者則相反，喜歡到富貴人家乞食化緣，佛曾把他們兩人叫來說：你們的心不平，不管有錢沒錢，有地位沒地位，化緣的時侯，平等而去，此心無分別，而且人家給你多少就是多少，這一家不夠，再走一家。」

有個香火很旺盛的寺院，在當地一帶很有名氣。

一天清晨，寺院的住持方丈走出自己的房門時，寺裏剛好傳來陣陣悠揚深沉的鐘聲，走廊兩邊木樨花瓣上的露珠紛紛墜落，空氣彷彿都跟鐘聲發生著共鳴。

住持凝神聆聽良久，鐘聲一停，忍不住召喚弟子，詢問道：

「今天早晨敲鐘的人是誰？」

弟子如實回答道：「報告方丈，是一個新來的小徒弟。」

於是，住持吩咐弟子將敲鐘的小沙彌叫來，問道：「你今天早晨敲鐘，懷著什麼樣的心情呢？」

小沙彌回答說：「沒什麼特別心情，只是為打鐘而打鐘而已。」

住持道：「我今天聽到的鐘聲非常洪亮、圓潤渾厚，很有穿透力和感召力，只有誠心誠意的人敲鐘，才會發出這種深沉博大的聲音。」

小沙彌想了想，然後說道：「其實我也沒有刻意去想，只是我平常聽您教導說，敲鐘的時候應該要想到鐘即是佛，必須虔誠，敬鐘如佛，用禪心和禮拜之心來敲鐘。」

住持問：「每天都讓你敲鐘，你不會覺得敲鐘的工作太枯燥無味嗎？不會心有不滿嗎？」

小沙彌說：「不會，我覺得每天都應該把敲鐘這件事認真做好。」

住持又問道：「那你想不想換別的工作？」

小沙彌想了想回答道：

「弟子很喜歡這個工作，而且，我認為參禪要一步一步來，我現在能做的就是敲鐘，不想要換別的。」

住持聽了滿意地點點頭。後來這名敲鐘沙彌，成了一代高僧。

佛祖云：生活即禪，禪融於生活。誰說工作和禪坐不能同時呢？

禪宗的要義有一條就是：坐也禪，立也禪，吃飯、喝水都是禪，日常生活即是禪。佛家的修行並不是總要坐在那裏閉目默想或者是一味地敲著木魚念經，吃飯穿衣、一言一行都是修行。

7 順境逆境，多反省自身

人的一生有順境也有逆境，逆境未必不好，而順境未必都好。會運用環境之人，順逆均能成就。處人事環境更難，到處有冤家債主來為難。

我們要回頭思考，他為什麼不找別人的麻煩？總是過去生活中我有對不起他的事情，我只有修忍辱波羅蜜多，此佛法所說的「逆增上緣」。

——弘一法師

彌勒佛、學笑口常開的菩薩，肚量大，能包容萬象；而我們也要相信即使其他人的觀點和自己不同，也有對的地方；要用寬容的態度面對他人。

古代一個禪院裏住著一位老禪師，有一天晚上，禪師獨自到院子裏散步，發現牆角放著一把椅子。

「這肯定是禪院裏哪個不守規矩的小和尚越牆出去溜達了！」老禪師心想。他隨手把椅子挪開，然後自己蹲在那裏。

不久，果然有一位小和尚翻牆進來，他沒有看到板凳已經不在，取而代之的是自己的師父，就踩著法師的背跳進院子裏。小僧人這才發現自己剛才踩的不是椅子而是自己的師父，不禁大驚失色。

只見老禪師站起身來，拍了拍身上的灰塵，心平氣和地說：「天冷夜深，當心著涼。」說完就走了。

這位禪師的寬容，讓小和尚深感內疚。此後，他再也不做違規的事了。

「忍」在佛法修行裏是一個大境界。弘一法師說：

「忍辱的時候有痛的感覺，有非常痛苦的感受，而心念把痛苦拿掉，轉化成慈悲，這才是忍辱波羅蜜多。到達沒有痛的感覺，那是功夫境界，不能說是忍辱波羅蜜多的功德……極痛而能不痛，那是你真正的智慧成就，你當場就可以把五蘊裏的受蘊與想蘊，都拿開而解脫了；學佛也是要學解脫，這個道理我們必須要加以說明。」

「當我們看到許多人爲非作歹的時候，就會覺得難以忍受，不明白爲什麼這些人會有這樣的行爲。而佛對此的理解是：他們的父母、長輩不懂得仁義道德，也沒有好好地教導他們，所以他們才會做出一些錯誤的事情，我們看到了、聽到了，不能責怪他們，而應當原諒他們。如果他們不願意聽我們的教導，仍然犯過失，我們一定不要把過失推給別人，而應回過頭來好好反省自己，是不是自己教導得不夠好、不夠圓滿？」

【第八章】

放下悲觀，修煉樂觀心態

如果世界上沒有缺憾與苦難，自然分不出善惡，根本也無善惡可言，

那應該是自然的完全為善，那就無可厚非，無所稱讚了。

月有陰晴圓缺，人有悲歡離合，氣候尚有雨雪四季變化，

所有的一切我們都無法改變，唯有心情是自己的，可以改變。

1 成敗都別太在意

如果世界上沒有缺憾與苦難，自然分不出善惡，根本也無善惡可言，那應該是自然的完全為善，那就無可厚非，無所稱讚了。

——弘一法師

大哲學家尼采說過：「受苦的人，沒有悲觀的權利。」已經受苦了，為什麼還要被剝奪悲觀的權利呢？因爲受苦的人，必須克服困境，悲傷和哭泣只能加重傷痛，所以不但不能悲觀，而且要比別人更加積極。

任何一條通向成功的道路都不會是一帆風順、平平坦坦的，都或多或少地存在些彎路，人們在一次又一次的跌倒之後才能爲成功找到出路。

生活中，每個人都會面臨失敗的考驗。成功者也會失敗，但他們之所以是成功者，就在於他們失敗了以後，不是爲失敗而哭泣流淚，而是從失敗中總結教訓，並勇敢地站起來，再接再厲。

可失敗者則不然，他們失敗之後，不是積極地從失敗中總結教訓，而是一蹶不振，始終生活在失敗的陰影裏。他們可能也會總結，但他們的總結只限於曾經失敗的事情。「我當初要是不那麼做就好了」「要是開始我如何做就不會失敗了」，或者找出種種藉口爲自己的過錯開脫責任。

如果你只是一味地自責、懊惱，生活在失敗的陰影裏，實際上只是徒勞傷神、於事無補。現實生活中，成功的人不一定是智商很高的人，但一定是在犯錯誤之後能認識到自己的錯誤，並積極地抓住機遇，去開拓屬於自己的目標的人。成功和失敗之間，往往只有一紙之隔。如果你能正確地認識到自己的不足，並加以更正，最後的勝利就一定會屬於你。

大部分人在一生中都不會一帆風順，難免會遭受挫折和不幸，但是成功者和失敗者非常重要的一個區別就是：失敗者總是把挫折當成失敗，從而每次遭遇的挫折都會動搖他勝利的信念；成功者則是從不言敗，在一次又一次的挫折面前，他總是對自己說：「我不是失敗了，而是還沒有成功。」一個暫時失敗的人，如果繼續努力，那麼他今天的失敗，就不是真正的失敗。相反，如果他失去了再戰鬥的勇氣，那就是真輸了！

弘一法師說：「厭惡苦並無法驅走苦；唯有放下想要苦消失的念頭，也就是去正面地接受它，苦才會有消失的一天。當我們想到無窮盡的世界本不具圓滿性時，我們內心那一點點的痛苦又何足掛齒呢？不讓心追逐樂受，也不讓心墮於苦受，就讓它們順其自然。」

2 月有陰晴圓缺

月有陰晴圓缺，人有悲歡離合，氣候尚有雨雪四季變化，所有的一切我們都無法改變，唯有心情是自己的，可以改變。

——弘一法師

明智地選擇樂觀的生活態度，那麼快樂一定會圍繞在你的身邊。

弘一法師說：「一張開心的面孔對病人的幫助，猶如宜人的氣候有益健康。只有死人，才不會犯錯。別害怕陰影，它只不過是告訴你在不遠處有亮光。有一件事可以讓你對每件事都產生好感，那就是你心中閃著一個念頭：好事將近了！人生中要緊的未必是際遇，而是應付際遇時的態度。」

人生有時就是一種選擇。正像我們無法選擇工作，但可以選擇對待工作的態度，可以選擇處理工作的方法一樣，改變不了天氣，難道就不能改變自己的心情嗎？

快樂，其實是一種境界、一種追求、一種憧憬，快樂也是一種情緒，懂得了控制情緒的方法，你就已站在了快樂的一方。

誰都無法平安無事、無憂無慮地過一輩子，誰都可能遇到不是那麼盡如人意的事，有的人往往能從挫折中領悟人生的真諦，從困難中取得生存的經驗，從而歡樂常有、勇於奮進，最終到達成功的彼岸；而有的人則把苦難和憂愁放在心上，整日裏陰雲淫雨、煩惱不盡，不能自拔，不僅難點照舊、事業無成，而且累及身心健康。

因此，一個人快樂與否，不在於他是否遇到什麼困境，而在於他怎樣看待困境。也就是說，消極心態與快樂是無緣的。星期天，你本來約好和朋友出去玩，可是早晨起來往窗外一看，下雨了。這時候，你怎麼想？你也許會想：糟糕！下雨天，哪兒也去不成了，悶在家裏真沒勁。但如果你想：下雨了，也好，今天在家裏好好讀讀書，聽聽音樂，也很不錯。這兩種不同的心理暗示，就會給你帶來兩種不同的思考方式和行爲。

你可以選擇從一個快樂的角度去看待生活，也可以選擇從一個痛苦的角度去看待生活。魚在水裏游來游去，那麼從容，那麼自在，牠的快樂全部瀰漫在水中，而我們人類的快樂全部藏匿在生活的每個角落裏，它們是那樣簡單，簡單到只需人們用心去細細地品味。只要我們有一顆細細品味幸福的心，快樂自會縈繞在我們身旁。

若你每天的內心，都是願眾生歡喜，那麼你自己也會解脫。從煩惱的人到解脫的人，其間只不過是一步而已。

3 欲速則不達

人當變故來時只宜靜守，不宜躁動，即使萬無解救，而志正守確：雖事不可為，而心終可白；否則必致身敗名亦不保，非所以處變之道。

——弘一法師

宋代陸九淵勸喻人們：涓涓細流匯聚起來，就能形成蒼茫大海；拳頭大的石頭壘砌起來，就能形成泰山和華山那樣的巍巍高山。只要我們勤勉努力，腳踏實地，持之以恆，不論自身條件與客觀條件如何，都能走上成才建業之路。

有一個小朋友很喜歡研究生物，想知道蝴蝶是如何從蛹殼裏出來的，一天，他走到草原上看見一個蛹，便取了回家，然後天天守著它。

過了幾天，這個蛹出現了一條裂痕，他看見裏面的蝴蝶開始掙扎，想抓破蛹殼飛出來。這個過程長達數小時之久，蝴蝶在蛹裏面很辛苦地拼命掙扎著，可怎麼也沒法走出來。這個小孩看著不忍心，就想不如讓幫幫牠吧，便隨手拿起剪刀把蛹剪開，使蝴蝶破蛹而出。

但蝴蝶出來以後，因為翅膀不夠有力，身體變得很臃腫，飛不起來，只能在地上爬。因為牠沒有經過自己奮鬥，將蛹打開然後飛出來的這個過程。

這個小孩想幫蝴蝶的忙，結果反而害了蝴蝶，正所謂欲速則不達。

我們的人生同樣也必須有一個痛苦掙扎、奮鬥的過程，這個過程是將你鍛煉得更堅強，使你成長、使你進步的過程。

人人都明白「欲速則不達」的道理，但是最終背道而行的大有人在。這主要有兩個原因：一是人們過於追求眼前利益；二是許多人過分追求享受，而不是磨煉自我。

平時我們看到一些人急於求成的時候，總是以這句話來相告。但叫一個人去接受這句話的時候，卻並不是一件容易的事情，很多的人只把你所說的當作耳邊風，行事依然是我行我「速」，最後自然只會導致失敗。

爲什麼當今社會上的人卻無法做到這一點呢？因爲當前更多人信奉的是：「隨主流而不求本質。」在追求的過程中喪失了自己的目的性，不追求人生最根本的目的，轉而追求一些形式上的成功，正如一句話中所說的：瞬間的成就可以使人獲得短暫的名利，但如果談起永恆，無非只是皮毛之舉。我們要成就一番事業，就必須靜下心來，腳踏實地，擺脫速成心理的牽制，看清人生最根本的目的，一步一個腳印地走下去。

4 把悲痛藏在微笑下面

悲痛之於心靈，恰如鹽之於容器。

將悲痛之鹽放進一杯水，你品嘗到的唯有飽和後的苦澀；將悲痛之鹽投入一片湖，你品嘗到的儘是稀釋後的甘甜。

所以，面對悲痛時，我們能做的事就是開拓自己看待事物的眼界，開拓自己包容事物的心胸，不是將痛苦放入一杯水中，而是將它稀釋到一片湖裏。

——弘一法師

我們每天都要經歷很多事情，開心的也好，悲傷的也罷，都會在心裏安家落戶。心裏的事情一多，就會變得雜亂無序，然後心就容易跟著亂起來。有些悲傷的情緒和痛苦的記憶，如果長時間地充斥在心裏，極容易令人鬱鬱寡歡、萎靡不振。

緊緊抓住悲傷與痛苦的理由，無視幸福和快樂的因素，便是一個人總覺得不幸福的關鍵所在。只有放下一些無謂的悲傷與痛苦，幸福和快樂才會有更多、更大的空間。

一位禪學大師有一位愛抱怨的弟子。一天，大師派這個弟子去集市買一袋鹽。弟子回來後，大師吩咐他抓一把鹽放入一杯水中，然後喝一口。

「味道如何？」大師問道。

「鹹得發苦。」弟子皺著眉頭答道。

隨後，大師又帶著弟子來到湖邊，吩咐他把剩下的鹽拋進湖裏，然後說道：「再嘗嘗湖水。」弟子彎腰捧起湖水嘗了嘗。

大師問道：「什麼味道？」

「純淨甜美。」弟子答道。

「嘗到鹹味了嗎？」大師又問。

「沒有。」弟子答道。

大師聞此點頭，對弟子說道：「生命中的悲傷與痛苦是鹽，它的鹹淡取決於盛它的容器。」

是的，生活中的悲痛就好比是鹽，它不會更多，也不會更少。品嘗同樣程度的悲痛時的感受，取決於我們把悲痛置於怎樣的心胸之中。如果讓自己的心胸成爲大海，那麼悲痛自然會顯得微不足道了！

生命中有些悲傷與痛苦，我們本來就必須承受，比如陰陽兩隔之痛。然而，因爲想法所追加的悲傷與痛苦卻不一定要接受。如果我們的想法只不過像滴落於悲痛之河裏的水滴呢？

如果我們的想法只是轉瞬即逝，只被我們短暫地意識到就消失了，那又將如何呢？不難想像，生命長河中的絕大部分時間我們都會因此而倍感幸福和快樂。

所以，當你沉浸在悲痛中的時候，首先，請認清你的想法；然後，靜下心來分析想法的形成過程；最後，將影響幸福和快樂的想法拋入悲痛之河裏，同時聆聽其入水時的滴答聲，並想像它們已經消失。

人生就像一張單程車票，一去無返。一味地沉浸在悲傷與痛苦的泥潭裏不能自拔，只會與幸福和快樂無緣。要知道「放下就是幸福」是一個開心果、是一粒解煩丹、是一道歡喜禪。一個人只要心無掛礙，什麼都看得開、放得下，便不愁沒有幸福和快樂的春鶯在啼叫，便不愁沒有幸福和快樂的泉溪在歌唱，便不愁沒有幸福和快樂的白雲在飄蕩，更不愁沒有幸福和快樂的鮮花在怒放！

總之，心靈的房間，不打掃就會落滿灰塵。蒙塵的心，不打掃也會變得灰暗和迷茫。及時掃地除塵，不僅能使黯然的心變得亮堂，還能經營出五彩繽紛的生活畫卷，將淒淒慘慘戚戚的生活替代。何樂而不為呢？

5 樂善好施，贏得安寧心

當我們對某人奉獻真愛時，我們才展示了真正的自我。
——弘一法師

佛家有言：「富貴從佈施中來。」是的，佈施能夠讓人感到快樂、祥和與安寧。因爲樂善好施使得受施者擺脫了困境，使自己獲得了快樂。只有會花錢的人才會賺錢，只有捨得付出才有回報。我們必須清楚，「守財奴」式的節儉並不會使你的財富更多，只會一步步地斷掉你的財路；而當你變得樂善好施時，才會發現真正有意義的生活，原來快樂並不在於擁有多少，而在於付出多少。

放眼望去，古今中外，歷史上不乏許多極爲明智的商業經營者，那些聞名於世的大企業家們，無一不是樂善好施的人。他們非常熱心資助慈善、公益事業，但上帝並沒有因爲他們的樂善好施而使他們變得貧窮，反之，他們所擁有的都比普通人多，在事業上得到了更多的回報。世界首富比爾・蓋茲被美國的財經雜誌評爲「世界上最樂於慈善事業的人」，他的一生十分熱衷於慈善事業，也正是因爲他的樂善好施，他的事業才越做越大。

在中國古代，范蠡便是一位樂善好施的集大成者。兩千多年來，人們一直奉范蠡爲商業鼻祖，其中的原因除了他寶貴的經營思想外，更重要的原因是范蠡能「富好行其德」。范蠡一生三次遷徙，每到一地他都憑智慧賺錢，曾三擲千金。他賺錢的「秘訣」就是散財，他賺到的錢財皆用來資助親友鄉鄰，真可謂是「千金散盡還復來」。

快樂地捨是身心健康的標誌，同時也是一種難能可貴的魄力及一種豁達坦然的心境。人類最快樂的時候不是索取，而是佈施。一個樂善好施的人，他的心境永遠都是平和的，不會因爲「失去」而耿耿於懷。

錢財乃身外之物，死守著又有什麼意義呢?當死神來臨的時候，你不可能帶走一分一毫，有再多的家產也買不回來一秒鐘的生命。鋼鐵大王安得魯•卡內基也說過：「如果一個人到死的時候還有很多錢，那麼他實在死得很可恥。」

幫助那些需要幫助的人吧！並不是要你做什麼「驚天地，泣鬼神」的事情，幫助別人有時只不過需要我們做一些力所能及的事情而已，甚至只是舉手之勞，並不會給我們的生活帶來任何的負擔。

只要我們人人都多一點愛心，多一點問候，多一點幫助，這個世界就會變得美好起來。

6 不理會負面想法

練習不理會自己的負面想法。然後，你會變成你最常練習的樣子。

我們在人生中看到的是我們想看到的部分。如果你搜尋的是醜陋，一定可以找到很多醜陋。反之亦然。憤世嫉俗和負面態度具有毀滅的力量，會阻礙我們發揮生命的創造力。

任何擁有與失去，也只不過是一念之間。人只能活一次，但只要做得對，一次就足夠。

——弘一法師

人們總是自覺或者不自覺地給出許多這類的暗示，而這類暗示的目的，歸根結底都是一樣的，都是爲了讓你按照他們的希望去思考、去感受、去行動——即使說那樣做對你不會造成傷害。

但是，爲什麼我們偏偏那麼容易接受這些消極的暗示呢？爲什麼我們習慣做個「我不行」的人呢？這一切，都源於自我認知而產生的焦慮——有時候我們很難分辨什麼是自己真正想要的，什麼是自己不想要的，因爲這牽涉了太多外在的期望和壓力。

然而，你必須在心底有明確的界線，這樣才能有效地抵抗那些外來的消極暗示。

幾乎從我們呱呱墜地的那一天起，各種消極的暗示就一股腦地向我們湧來。由於不知道該如何應付這些消極的暗示，我們只好接受它們的影響。

譬如：你辦不到的、你這個沒有出息的人、沒用的、有什麼意義呢？反正也沒人在乎、這麼努力幹嘛？你輸定了！……

如果你相信了這些消極暗示的話，你的生活就一定會變得被動、沉淪、沒有樂趣。

7 常做「健心操」

寫字要專心致志，全神貫注，這樣才能起到靜心養性的作用。

中國文字有三美：意美以感心、音美以感耳、形美以感目。

練習書法時，觀摩碑帖、揣其神韻，可以培養審美趣味和審美思想，同時能得到藝術享受，陶冶性情，靜心養性。

心中狂喜之時，寫字可以使人頭腦冷靜下來；心中抑鬱之時，寫字可以使人忘掉憂愁。

我以為延年益壽，這算妙方。

——弘一法師

「莫將身病爲心病」，這是明代思想家王陽明的名言。意思不言自明：心理負擔過重，心累對身體康健毫無益處。

人們常說：「肩上百斤不算重，心頭四兩重千斤。」情緒對健康的影響是極大的，因爲「萬病心中生」。

我們常常會有這樣的體會，當我們處於良好的心理狀態時，可以大大地提高體力和腦力勞動的效率；而面對消極的情緒，如憤怒、怨恨、焦慮、抑鬱、恐懼、痛苦等，不僅無心做事，如果強度過大或持續過久，還可能導致神經活動機能失調。

人生在世，有數不清的幸福和快樂，亦有許多憂愁和煩惱。健康與快樂爲伴，而憂愁卻往往會帶來疾病。情緒樂觀開朗，可使人內臟功能正常運轉，增強對外來病邪的抵抗能力。

古人的養生之道，在於寧心養神。《素問・上古天真論》記載：「怡淡虛無，真氣從之，精神內守，病從安來。」這就是說，心情平靜，不動雜念，疾病便無從發生；這就表明，做到心情舒暢，安然自得，便會延年益壽。

而保持愉悅的心情是養生的最高境界。不良心境如同毒草，長期處於其中，無疑會使機體抵禦疾病的能力下降，破壞自身的身心健康。因此，無論你處於人生的順境還是逆境，不妨就常做一下「健心操」，學會駕馭心境，將煩悶、孤寂、依賴、內疚等統統趕走。

這樣，同樣的事物，就會從「無可奈何花落去」變作「人閒桂花落」「鳥鳴山更幽」。

【第九章】

過去的一切，就過去吧

若內心常懷著罪惡感，放不下，此乃修行上最大的障礙。
不盲目是美，不從眾最樂，這是習禪、修身、養性、怡悅，
且最崇高最美好的境界。

1 別讓自責「堵死」出路

若內心常懷著罪惡感，放不下，此乃修行上最大的障礙。

——弘一法師

很多人在犯錯之後，不能原諒自己，進而影響未來做事的心情。如果憎恨過於強烈，就無法洗心革面，無法看到希望的曙光。不如反過來想一想，錯誤既然已經犯下了，再懲罰自己又有什麼用呢？而且你過去已經爲此付出了沉重的代價，爲什麼還要搭上現在和未來呢？

常常聽一些人痛苦地說：「我永遠都無法原諒自己。」可是，不原諒又如何？那等於把自己推入了一個永不見底的深淵，從此再也看不到希望和光明。而世上沒有「後悔藥」，誰也不能再改變過去，對自己的責怪只能加深自己的痛苦。

在成長的道路上，誰都難免會有過失，這是成長的代價，面對過失，無論你再悔恨與自責，都不能改變現實，一味地逃避，也不能讓事情有轉機。唯有堅強起來，尋找解決問題的途徑，才是首要的任務。因此，放下你的自責與悔恨，才能有勇氣與毅力去尋找新的出路。

2 不念舊惡，莫設心囚

擲骰子的方法，只有一種是贏的，那就是把它們擲到九霄雲外去。對於自身的不幸掛念愈久，它傷害我們的力量就愈大。

——弘一法師

人生的所謂得與失，在很多時候並沒有什麼實際意義，但被帶入其中的無法挽救的或惡劣、或悲傷、或仇恨的心情，卻可以使人們改變對整個生活的感受和看法。這種因心情引起的得與失，比起物質上的得與失更加致命。因為這才是最昂貴，又最付不起的代價。

為何很多人不能忘記過去的恩恩怨怨、起起伏伏，重新開始過新的生活，卻選擇在回不去的記憶裏感傷、折磨自己呢？

一個人在他二十歲的時候因為被人陷害，被判入獄，十年後冤案告破，他終於走出了牢房。

出獄後，他開始了幾年如一日的反覆控訴、咒罵：「我真不幸，在最年輕有為的時候遭受冤屈，在監獄裏度過了本應是人生最美好的一段時光。監獄簡直不是人能待的地方，冬天寒冷難忍，夏天蚊蟲叮咬，真不明白，上天為什麼不懲罰那個陷害我的傢伙，即使將他千刀萬剮，也難以解我心頭之恨啊！」

七十五歲那年，他終於臥床不起。彌留之際，一位德高望重的禪師來到他的床邊：「已經過去那麼多年了，為何還如此耿耿於懷呢？」

禪師的話音剛落，病床上的他聲嘶力竭地叫喊起來：「我怎麼能釋懷，那個將我陷於不幸的人現在還活著，我要詛咒，詛咒那個使我遭遇不幸的人！」

禪師問：「你因受委屈在監獄裏待了多少年？離開監獄後又生活了多少年？」

他告訴了禪師。

禪師長嘆了一口氣：「你真是世上最不幸的人，他人的陷害使你在監獄中度過了十年，而當你走出監牢，本應獲得永久自由的時候，你卻用心底的仇恨、抱怨、詛咒囚禁了自己近五十年！」

弘一法師說：「假如你有一件忿恨的事，或者和某人有點糾葛，不要老是翻來覆去地把你想的、感受的，或者想說的，在心裏一遍一遍地煎熬著，因爲神經就是這樣被磨損的。正如同鞋帶，在每天拉扯的地方磨損一般都會比較嚴重。」

我們與人交往，應著眼於未來，不念舊惡。原諒別人，是對待自己的最好方式。爲你的仇敵而怒火中燒，燒傷的是你自己。人能懷著一顆寬恕他人之心待人，必能使自己遠離痛苦、仇恨和報復，與之俱來的是淡定、溫馨和和諧。

二十世紀，美國建築大王凱迪的女兒和飛機大王克拉奇的兒子，在兩家父母的撮合下，彼此有了感情。但兩個人的來往並不順利，爭吵時有發生。兩家都是社會的名流巨富，兒女們的這種關係，讓他們大傷腦筋。更令他們震驚的事發生了，凱迪的女兒竟然被克拉奇的兒子毒死了。

克拉奇的兒子小克拉奇因一級謀殺罪被關進大牢，兩家人的身心因此受到沉重的打擊。從此兩家人的生活變得暗無天日。克拉奇的兒子卻不承認自己的罪行，這使凱迪一家非常氣憤。而克拉奇一家也在拼命為兒子奔走上訴。如此一來，兩家人便結下了深仇大恨。

一年以後，法院做出判決，小克拉奇投毒謀殺的罪名成立，被判終身監禁。克拉奇為了能讓兒子在今後得到緩刑，也為了消除兒子的罪惡，不斷以重金為凱迪一家做經濟補償，以便凱迪能不時地到獄中為兒子說情。

克拉奇的補償都是巧妙地出現在生意場上，這使得凱迪不得不被動接受。

而凱迪每得到克拉奇家族的一筆補償，就像是接過一把刺向自己內心的刀，悲痛難言。凱迪埋怨自己，也埋怨女兒當初怎麼就看錯了人。而克拉奇的全家更是年年月月天天生活在自責中，他們怨恨沒有教育好自己的兒子。

兩家人都是美國企業界中的輝煌人物，然而生活卻如此地捉弄他們，讓他們不得安生。一年又一年，兩家人的心情被巨大的陰影所籠罩，從來沒有真正地笑過。他們承認，這些年為此所付出的心理代價是用任何金錢也換不來的。

然而，苦苦承受了二十多年的罪責後，最後調查結果證明，凱迪女兒的死，並不涉及善惡情仇。造成美國媒體的巨大轟動。

面對報社的採訪，凱迪與克拉奇兩家都說了同樣的話：「二十年來，我們付不起的是已經付出的又無法彌補的心態。」

學會遺忘，可以使一個原本不快樂的人變成快樂的人。

(1)找出那些消極的想法，不要讓這些想法盤旋在你的想法表面，最好能把它一次排除，或者把它寫在紙上，以後再去解決。

(2)客觀地看待事實。分析自己每一個消極想法的謬誤，換一種角度或者是換一種身分來分析整個事件，或許你會發現自己真的好傻。

(3)大事化小法。要善於把一件大事變成一件小事，而不是相反地把一件小事搞成一件大事，把複雜的情節簡單化，這樣事情解決起來就會輕鬆許多。

(4)以合理的想法代替自暴自棄的想法，這是一種非常有效的方法，這樣有利於人們建立起自信心，並把所有的憂鬱一掃而光。

3 不可盲目從眾

不盲目是美，不從眾最樂，這是習禪、修身、養性、怡悅，且最崇高最美好的境界。

——弘一法師

一個人活著，應該是爲自己而活，而不是爲了迎合別人。很多時候，我們之所以不快樂、不開心，是因爲太在乎周圍人的眼光，爲了成爲別人眼裏的好員工、好同事、好妻子、好丈夫……我們壓抑了自己，拚命地討好他人，卻忘了我們活著不僅僅是爲了他人。

如果一個人太在乎別人的眼光，他就會變得畏首畏尾，就會形成沒有主見的性格。自己拿主意，並不是一意孤行，孤芳自賞，而是忠於自己，相信自己，不輕易被別人的思想所左右。但是生活中，人人都難免有從眾心理，常常會爲了顧及面子而依附於他人的思想和認知，從而失去獨立的判斷，處處受制於人。

這真是一種莫大的悲哀，作爲一個人，我們要有自己的主見，不可盲目的追隨別人。每個人都會在乎別人的看法，但是，任何事物都要有一個「度」，一旦你常常讓別人的看法代替了自己的看法，這就是一個危險的信號了。雖然人都是群居動物，都難免有從眾心理，但是人生的路還要靠自己走，如果你一味地人云亦云，被人牽著鼻子走，最後只會迷失自己，得不償失。

「輕履者遠行」，就是說只有丟掉包袱，才能輕裝前進，而且能走得更遠。許多人之所以活得沉重，是因爲他們背負了過多別人的評論，所以他們覺得人言可畏。

俗話說眾口難調，一味聽信於人，便會喪失自己，做任何事都患得患失、誠惶誠恐，這種人一輩子也成不了大事。他們整天活在別人的陰影裏，太在乎上司的態度，太在乎同事的眼神，太在乎周圍人對自己的態度。這樣的人生，還有什麼快樂可言呢？

長沙禪師有一天去遊山。

回來的時候，首座問說：「和尚什麼處去來？」

長沙答：「遊山來。」

首座：「到什麼處來？」

長沙：「始隨芳草去，又逐落花回。」

首座：「大似春意。」

長沙：「也勝秋露滿美葉。」

這是禪宗史上被稱揚不已的一段話。

禪是智者的人生，是大智若愚。

其實，生活中處處含有禪，覺悟了，便能身心飄逸，在雲端觀看俗世，達到大智的境界後，還有什麼羈絆呢？

4 兩種對待過去的方式

不論你身在何處，都要以觀照和很自然的方式來認識你自己。如果疑惑升起，讓它們自然地來、去。這很簡單，只要不執著。

——弘一法師

沉溺於過去，會分散你的注意力。當你不安的時候，過去就彷彿是一個理想的避難所，但它是不真實的。你總是以各種形式把自己隱藏在過去中：給過去塗上一層浪漫的色彩；或對過去的一切感到遺憾。

但是只有兩種對待過去的方式對你有好處：一是學會欣賞過去；二是從過去中學習。

給過去塗上一層浪漫的色彩是非常有誘惑力的。記住過去愉快的經歷使人快樂，但是如果拿過去和完全不同的現在做比較，快樂就會失去。我們或許曾經把一切想像得非常美好，甚至相信自己錯過了真正的靈魂伴侶。但是，過去一去不復返，此時此刻才是活力的源泉、真正力量的來源。

在美國歷史上，伊東・布拉格是第一位獲得普利茲獎的黑人記者，當同行採訪布拉格，詢問他的獲獎感受時，他在麥克風面前講述了一段令人感慨的經歷：

「我小時候，家裏非常窮，我父親是個水手，他每年來回地穿梭於大西洋的各個港口，儘管如此，賺的錢依然不夠維持全家人的生活。面對這種處境，我非常沮喪，因為我一直認為，像我們這樣地位卑微、貧窮的黑人不可能有出息。

抱著這種想法，我渾渾噩噩地上著學，可想而知，成績也好不到哪兒去，就這樣，我在自己設定的圍牆下度過了十多年。

有一天，父親突然對我說：『現在你長大了，應該帶你出去見見世面，我希望你的生活能和父母不同，能擺脫從前的貧窮而有所成就。』

聽了父親的話，我暗想：『有成就？怎麼可能呢？我不過一直都是個窮黑人的兒子。』

儘管如此，我依然聽從了父親的安排，隨他一起去參觀了大畫家梵古的故居。在這間狹小、幾乎空空如也的屋子裏，我看見了一張小木床，還有一雙裂了口的皮鞋。我很驚訝，這位著名畫家的生活居然如此簡陋！

我問父親：『梵古不是個百萬富翁嗎？他怎麼會住在這種地方？』

父親說：『兒子，你錯了，梵古曾經是個窮人，是個比我們還要窮的窮人，他甚至窮得娶不上妻子，可是他沒有向昨日的貧困屈服。』

這段經歷讓我對以前的看法產生了疑惑，我想：我是否也可以從我過去的碌碌無為中擺脫出來，從而有些出息呢？梵古不也是個窮人嗎？他為何知道自己只不過是昨日的窮人而非現在、將來的窮人呢？

第二年，父親又帶著我到了丹麥，我們前往安徒生的故居，這裏的環境比梵古的故居強不了多少，我更驚訝了，因為在安徒生的童話中，到處都是金碧輝煌的皇宮，我一直以為他也和書中的人物一樣，住在皇宮裏。

我向父親提出了自己的疑問：『爸爸，難道安徒生不是生活在皇宮裏嗎？』父親看著我意味深長地說：『不，孩子，安徒生是個鞋匠的兒子，你喜歡的那些童話就是他在這棟閣樓裏寫出來的。』

直到這時，我終於明白父親為什麼會帶我參觀梵古和安徒生的故居，其實他是想告訴我：不要在乎過去所過的生活如何貧窮，儘管我們是窮人，身分很卑微，但這絲毫不影響我們以後成為一個有出息的人。」

弘一法師認爲：「從過去的失敗和勝利中學習是重要的，但不要沉浸在其中。不要讓過去的經歷分散你現在的精力，偶爾回憶一下是可以的，但不要駐留在回憶中。」就像開車時，如果老是看後視鏡，你會看不到前方的路。

5「一失足未必成千古恨」

一失足未必就成千古恨。

只要能夠找到失足的原因，儘快調整心態，克服失敗給自己的心靈殘留下的陰影，逐步恢復自信，繼而自強不息，這樣才能不再讓悔恨吞噬心靈。

——弘一法師

「一失足成千古恨」。這是千年古訓。人的一生總要經歷許多風風雨雨，總會遇到各種各樣的情況。當人們在一些事情上急於求成而又脫離實際時，就會造成一些過失，帶來嚴重的後果，但，並非一失足就一定成千古恨。

沒有誰會永遠一帆風順，也沒有誰會一生永遠坎坷，生活對每個人都是公平的，即使坎坷也並不意味著天就要塌下來了。只要你敢於正視坎坷，它就可以使你學到並深刻體驗到許多真知灼見，並使你對此難以忘懷。坎坷還可以使你認識到自己的能力與局限，瞭解自己是否成熟。所以，不要恐懼「坎坷」，它帶給你的益處會比成功帶來的更多。

坎坷是一件讓人們痛苦的事情，它令人悲傷。但更痛苦的是坎坷之後的束手無策，是坎坷後的不能警醒。對於坎坷，人們總是習慣於先從客觀上找理由，古人經常歸咎於上天的不公或自己的時運不濟，現代人經常歸之於運氣不好，但實際上這多半是托詞、是藉口。

一個人坎坷最主要的原因應該是自己親手造成的，或者說，絕大多數坎坷都與自己有關，與自己的個性或失誤有關。不是因爲自己的性格、心理、意志等方面存在缺陷，就是因爲方法不當，措施不力，再不就是因爲自己的判斷失誤或誤入歧途。再多的客觀因素，也不能使你推卸掉自己身上的責任，最起碼是自己沒有看清形勢或錯誤地估計了形勢造成的。

當你出現坎坷的情況時，要及時的改正，否則坎坷就永遠只是坎坷，而不能轉化爲成功。坎坷並不可怕，跌倒了爬起來就是了。怕的就是被坎坷打倒，坎坷後一蹶不振，在坎坷中沉淪，就會耽誤自己一生。

培根是十七世紀歐洲一位顯要的人物。從小就身在貴族家庭中的他，曾經擔任過英國駐法國大使館工作人員，還當過律師，並在議會選舉中當選為議會議員。在他官運亨通，平步青雲，春風得意的時候，他因貪污受賄罪，而被監禁於倫敦塔內，出獄後，他又被終生逐出朝廷，不得再擔任任何官方職務，不得參與議會。

從此培根開始專心從事著述。他提出了著名的「要命令自然，就要服從自然」「知識就是力量」等許多對後人影響深遠的口號，並建立了自己的唯物主義經驗論。

曾經的失足使培根成為了英國唯物主義和現代實驗科學的真正鼻祖，成為了英國十七世紀偉大的唯物主義哲學家、世界哲學史和科學史上具有劃時代意義的人物。也正是由於這次失足，才讓培根成為了在人類思想史上佔有重要地位的一代巨人，成為一名被後人永遠銘記的哲學家。

坎坷其實沒有什麼大不了，我們要走的路很長，坎坷不代表著失敗，只是表明成功需要努力或境遇需要變換；坎坷不意味著你永遠坎坷，只要你努力。

【第十章】

放下心中「情執」，參透愛情玄機

風景其實就在你身邊，關鍵在於你是否有欣賞風景的心境罷了。

相聚是一種緣，相識、相戀更是一種緣分，

緣起而聚，緣盡而散，放手才是真愛。

「戀」的上半部是「變」的開始，

失戀的人要懂得「戀」這個字隱藏的玄機。

1 珍惜眼前人

風景其實就在你身邊，關鍵在於你是否有欣賞風景的心境罷了。

——弘一法師

常有這樣的事情：一個人在婚前苦苦等待、尋覓多年，也未曾遇見一個特別心儀的異性，於是隨便找了一個還算過得去的就結了婚，日子反倒也能過得安定平和。但上天似乎有意捉弄人，婚前苦等不見，婚後卻總是有機會在某個場合遇見那個曾經苦苦期待的人。

有時你不禁疑惑這到底是命運的安排還是魔鬼的誘惑。在這樣的時候，有些人往往就會心神動搖，爲此，原本安穩美好的生活也被破壞了。

其實，因抵擋不住誘惑而放棄原本美好生活的人是極其不明智的。仔細想一想，如果用你的一生去等待，你總能找到最適合自己的那個人，但是你能用一生去等待嗎？既然不能，就珍惜身旁的那個她（他）吧，也許並不是她（他）不適合你，而是你沒有細心地去體會，只要你多去留意，你會發現，身邊的她（他）其實很美。

2 既然失戀，就必須「死心」

只有放下這段感情，學會重新找回失去的自我，你會發現，生命依舊可以活得精彩。

——弘一法師

許多人都會在愛裏受傷，因爲愛別人愛得失去了自己，等待分手時，才發現在這場愛中，已經迷失了自己，所以總試圖抓住情感的尾巴，希望能夠有轉機。但是，要明白，對方一旦做出決定，那麼這場感情就註定了是這樣的結果。

請不要試圖以自己的痛苦與哀求換回曾經的愛，這樣只會讓對方輕視自己，從而更快離開。我們要堅信，失去自己，將是他一生最大的遺憾。

面對逝去的感情時，許多人都只看到了它曾經的美好，只有被這樣的感情弄得遍體鱗傷時才明白，原來愛情不僅僅有美好的一面。其實，誰能保證一生只愛一個人，分手是再正常不過的事情。

面對失戀，如果總深陷其中，總想做最後的掙扎，甚至認爲自己不能生活得幸福，那麼誰也別想幸福，在這種念頭下，做著最瘋狂的事情。這些都是愚不可及的行爲。

當他愛著你時，確實是真心愛你，只是現在不再愛了，難道這就算犯錯嗎？如果你只是苦苦地糾纏，無疑是一次次地揭起自己的傷疤。

有人曾經說過，當一個人不愛你時，那麼請相信他現在的確已經不愛你了。不要害怕，不要逃避。因爲，害怕會讓你自亂陣腳，做出錯誤的選擇；逃避只會讓你永遠活在痛苦之中，擺脫不了情感的陰影。學會勇敢地面對這一切吧，離開那個溫暖的臂膀可能會讓你傷心一陣子，然而，請相信這些終究會過去。

其實，愛一直都在，只不過需要再換一個人罷了。失去他，並不代表將失去所有。沒有人敢肯定，你所遇到的那個人一定是與你白頭到老的人。既然不是，那麼，不如趁早放棄，因爲，要知道那個能夠與你相攜終生的人，正在前方等著你。

3 緣起而聚，緣盡而散

相聚是一種緣，相識、相戀更是一種緣分，緣起而聚，緣盡而散，放手才是真愛。

——弘一法師

人的一生中也許會經歷許多種愛，但千萬別讓愛成爲一種傷害。生活中到處都存在緣分，緣聚緣散好像都是命中註定的事情，有些緣分一開始就註定要失去，有些緣分永遠都不會有好結果。

很多人面對感情的抉擇時，往往因爲放不下、捨不得，而一拖再拖，浪費寶貴的青春。其實，你是否想過，有時，你的愛不僅是對於自己，而且對於你所愛的人來說，也是一種牽絆呢？你因爲愛對方，捨不得、放不下，所以寧可守著無味、變質，甚至不值得的感情，悲傷惶惑終日，看不到世界上其他的美好；若對方也同樣地愛你，那麼被你所愛就是一種幸福，否則，這種愛就是一種負擔，甚至是一種煩惱，只想著擺脫。

人只有放開了，才能看到外面景色的美好。正是因爲捨得放手，才能有現在的好心情。

另外，愛一個人不應該成爲所愛人的牽絆。只要我們心中有愛，生活總是那麼美好！愛不能成爲牽絆，有過類似經歷的人都會明白，仇恨的記憶太沉重，牽絆住人，讓人無法自由地飛翔，只有放下，也唯有捨得放下，人才能重新展開自己全新的人生。

弘一法師認爲：放手並不是痛苦，它是坦蕩，是大徹大悟。

在日常生活中，人們總是容易沉溺於往事的追憶無法自拔，皆是源於對過去喪失的事物的迷戀。但是愛走了，就要捨得放手。這也是對自己的寬容，爲了讓自己不再難過，有時候愛情就應該「自私點」。

煙花不可能永遠綻放在天際，只要曾經燦爛過，又何必執著於沒有煙花的日子？

4 「給不了」就轉身，「得不到」就放手

「戀」的上半部是「變」的開始，失戀的人要懂得「戀」這個字的玄機。
——弘一法師

現實生活中，有很多人遭遇情感危機時，更多的是抱著魚死網破的心理對待。然而，努力越多，傷害就越多，在彼此心裏的仇恨也就越多。愛是相互的，對於已經不再愛你的人來講，這種變相的愛已經深深傷害到了對方。與其讓兩顆心在痛苦中糾纏，倒不如勇敢一些，放手給他自由。

面對感情傷害，也許的確會讓人痛徹心扉，然而，聰明的人懂得，只有放下這份讓人痛心的愛，才能獲得解脫。糾纏是一種愛，放開更是一種愛，真正懂得愛的人，更明白成全的意義。因而，如果真的是愛，那麼，最後時刻來個優雅的轉身亦是明智的選擇。

人們常說：在對的時候遇見對的人，是一種幸福；在對的時候遇見錯的人，是一種遺憾；在錯的時候遇見對的人，是一種傷心；在錯的時候遇見錯的人，是一種嘆息。

所以，給不了就轉身，得不到就放手吧。

5 真愛不是自私

如果非要讓自己深陷往事中無法自拔，到頭來會發現，那只是自己一廂情願的付出罷了。因為生活還要繼續，離開了誰，都不應該停在原地等待，既然從此離去不會回來，那麼聰明的人何不放下往事，去追尋新的幸福。

——弘一法師

在愛情裏，難免會受到傷害。回頭想想，這一路上，一邊是新人笑，一邊是舊人哭，其實，新人、舊人沒有太大的分別，因爲這些都是早晚的事情。既然如此，當情感危機來臨時，我們要試著瀟脫些。如果事已至此，再耿耿於懷又有何用，只是增添自己的傷感罷了。

面對一個辜負了你的人，你該如何做，是每天都活在美好的回憶當中，爲了挽回而苦苦哀求，還是放下心結，善待今天的一切?也許有人會說，我真的很愛他，這麼久了，我始終無法忘記他的存在。面對逝去的感情，也許你會爲此而神傷，然而，事情總會有結束的那一天，感情也是一樣。只有放下往事，心結才會打開。如果你只是把自己囚禁在回憶中無法自拔，不過是爲自己製造傷感罷了。

無論昨天多幸福，已經成爲永遠，再也回不來了。活在昨天，只會讓你失去精彩的明天。弘一法師認爲：人如果能寬容一點，一笑泯千仇，不但能爲自己免去毀滅性的災難，還可以放下心靈的包袱，讓自己變得輕鬆，而生活也能變得更加幸福。心胸開闊的人，對待任何事情都能「拿得起，放得下」。心胸狹隘的人，卻難以做到這一點。

中國有一句話：「以德報怨。」所謂「愛生愛、恨生恨」就是這個道理。能夠壓下心裏的怨氣，實際上既成就了別人也解救了自己。幸福的奧妙看似難以參透，幸福的本質，卻又是何等的清晰與單純。放下內心所有的愁怨與不滿，瀟灑地轉身，你便能看見幸福。

6 愛情對心靈的影響

愛情沒有對錯，它的本質是瘋狂的。聰明的人在其中成長，愚蠢的人則在其中墮落。在親密的關係中，仍應保留一點空間。

真愛不是索取，而是無私的付出。真愛不在於兩人含情互視，而在於一起朝同一方向看。維繫婚姻的不是鎖鏈，而是細線；千百條的細線隨著時間的推移，慢慢地將人們的心縫合在一起。

——弘一法師

今天我們談論愛情時，經常把它當做人際關係的一個方面，一種我們可以控制的東西。我們關心的是，如何用正確的方式戀愛，如何獲得成功的愛情，如何克服其中的問題，如何面對失戀的打擊。

很多人之所以來接受心理治療，是因爲他們對愛情的期望太高，而實際結果卻讓他們大失所望。很明顯，愛情絕不是單純的。過去的糾葛，未來的希望，以及種種雞毛蒜皮的瑣碎小事——哪怕與對方只有一點點聯繫——都會對愛情產生深遠的影響。

有時我們會以輕鬆的態度談論愛情，卻忽略了它強勁而持久的一面。我們總期待著愛情的撫慰，卻往往驚訝地發現，它也能在我們心中留下空虛和裂痕。柏拉圖把愛稱爲「充實與空虛的孩子」。充實與空虛，恰恰是愛情的正反兩面。我們總是嚮往愛情，總是期待愛情撫平心中的創傷，讓我們的生命更加圓滿。或許在過去，愛情也曾讓我們感到痛苦，但我們從來不在乎。因爲愛情具有一種自我復原的力量，如同希臘神話中的女神，只要在遺忘之水中沐浴一番，就能恢復貞潔。

每經歷一次愛情，我們對它的瞭解就深了一分。失戀之後，我們總是痛下決心，今後絕不再犯同樣的錯誤。我們的心變硬了一些，或許也變聰明了一些。

但愛情永遠是年輕的，永遠帶著青春特有的愚蠢和笨拙。因此，與其在失戀的痛苦無望中形銷骨立，不如坦然接受愛情造成的空虛，因爲空虛是愛情本質的一部分。

我們不必刻意避免重蹈覆轍，也不用讓自己「變得聰明」。遭受失戀的打擊之後，我們所能做的就是驅散心中的懷疑，再度投入愛情，儘管我們已經體驗到了其中的黑暗和空虛。

費齊諾曾說：「人類的愛情是什麼？它的目的是什麼？愛情是一種欲望：和某種美好的事物結合在一起，在塵世中享受永生。」

俗世的樂趣能夠引領我們通往永恆的精神享受，這是新柏拉圖主義的基本觀點。費齊諾把存在於日常生活中，指引我們通往永恆的東西稱爲「充滿魔力的誘餌」。

換句話說，愛情既是兩個人之間純粹世俗的關係，也是通往心靈深層經驗的途徑。愛情讓身處其中的人們感到困惑，因爲它對心靈的影響，並不總是和人際關係的節奏與需求協調一致。

法國作家巴塔耶曾說：「任何愛情都免不了一定程度的出軌。心靈往往會在道德所不容的地方顯現出來。在小說、電影、傳記和新聞報導中，充滿悲劇性的不倫之戀，總是最能吸引我們的注意。若要關懷心靈，我們就必須認識到悲劇和哀傷在人生中的必要性。如果從道德或心理的角度出發，居高臨下看待愛情，那麼我們就看不見它對心靈底層的安撫作用。」

而在這一過程中，愛情既是開啓心靈的鑰匙，也是我們的嚮導，幫我們在心靈的迷宮中找到正確的方向。愛情的表現形式和發展方向，常常出乎我們的意料。如果能接受和尊重這種不確定性，我們就可以逐漸步入心靈的底層。

【第十一章】

淡定從容過好每一天

多一物多一心，少一物少一念，超越外物，不要為外物所拘。

學一分退讓，討一分便宜；增一分享用，減一分福澤。

一切處無心是淨；得淨之時不得作淨想，

名無淨；得無淨時，亦不得作無淨想，是無無淨。

1 多一物多一心，少一物少一念

多一物多一心，少一物少一念，超越外物，不要為外物所拘。

——弘一法師

人生很多的無奈和痛苦，都來源於對外物的追求和執著。一個人，如果終日汲汲於富貴，營營於名祿，桎梏於外物，最後終將會不堪重負，心力交瘁，六神無主。

拉爾夫是一位著名的登山員，他曾經在沒有攜帶氧氣設備的情況下，成功地征服了多座高峰，這其中還包括世界第二高峰——喬戈里峰。

許多登山高手都以不帶氧氣瓶而能登上喬戈里峰為第一目標。但是，很多登山好手來到海拔六千五百米處就無法繼續前進了，因為這裏的空氣變得非常稀薄，令人感到窒息。因此，對登山者來說，想靠自己的體力和意志，獨自征服八千六百多米的喬戈里峰，確實是一項極為嚴峻的考驗。然而，拉爾夫卻突破障礙做到了，他在事後舉行的記者招待會上，說出了這一段歷險的過程。

拉爾夫說，在突破海拔六千五百米的登山過程中，最大的障礙是心裏各種翻騰的欲念。在攀爬的過程中，任何一個小小的雜念，都會讓人鬆懈意念，轉而渴望呼吸氧氣，慢慢地讓人失去衝勁與動力，而「缺氧」的念頭也會開始產生，最終讓人放棄征服的意志，不得不接受失敗。

拉爾夫說：「想要登上峰頂，首先，你必須學會清除雜念，腦子裏雜念愈少，你的需氧量就愈少；你的欲念愈多，你對氧氣的需求便會愈多。所以，在空氣極度稀薄的情況下，想要登上峰頂，你就必須排除一切欲望和雜念！」

生活中，有多少人能做到像拉爾夫這樣呢？一批又一批人前仆後繼地把自己綁上欲望的戰車，縱然氣喘吁吁也不得歇腳。不斷膨脹的物欲、工作、人際、家務佔據了現代人全部的空間和時間，許多人每天忙著應付這些事情，幾乎連吃飯、喝水、睡覺的時間都沒有。身上事少自然苦少，口中言少自然禍少，腹中食少自然病少，心中欲少自然憂少。想過自在逍遙的幸福生活，就要放下物欲和名利。

有一位禁欲苦行的修道者，只帶了一塊布當做衣服，就到無人居住的山中隱居修行了。

當他要洗衣服的時候，需要另外一塊布來替換。於是他就下山到村莊中，向村民乞討一塊布當作換洗的衣服。村民們知道他是虔誠的修道者，於是毫不考慮地給了他一塊布。

當他回到山中後，發覺茅屋裏有一隻老鼠，常常會出來搗亂。他曾立誓不會殺生，便又到村中要來一隻貓。得到貓後，他不想讓貓吃了老鼠，也不能給牠吃水果和野菜，於是他又向村民要了一頭牛，這樣貓就可以靠牛奶生存。

後來，他發覺他每天都要花很多的時間來照顧那頭乳牛。於是他又回到村莊中，找來一個流浪漢幫他照顧乳牛。那個流浪漢在山中居住了一段時間之後，跟修道者抱怨他需要一位太太。故事就這樣繼續演變下去，你可能也猜到了。到了後來，整個村莊都搬到了山上。

春有百花秋有月，夏有涼風冬有雪，若無閒事掛心頭，便是人間好時節。

莊子在《逍遙遊》表達的「神人無己，聖人無功，至人無名」正是最好的總結。逍遙遊是一種最難得的人生狀態，不穿越「財、名、利」的浮塵霧障，幸福永遠是不可企及的。

外物總是短暫而容易腐朽的，只有生命的靈魂才是永恆的。然而，又有幾人能理解這一點呢？在我們周圍，有太多的人對生命有太多的苛求，弄得自己生活在筋疲力盡之中，從未體味過幸福的滋味，生命也因此局促匆忙，憂慮和恐懼時常伴隨，一輩子實在是糟糕至極。我們應該知道月圓月虧皆有定數，豈是人力所能改變的？不如放下，給生命一份從容，給自己一片坦然。

2 最大的好處，也許是最深的陷阱

經得起誘惑的人，應該接受生活的冠冕。我永遠不把自己的嘴放到別人的碗裏，那兒沒有我的麵包和奶油。我的王冠叫做知足，這是國王難得欣賞的一種王冠。——弘一法師

孔子說：「富裕和顯貴是人人都想要得到的，但不用正當的方法得到它，就不應佔有它；貧窮與低賤是人人都厭惡的，但不用正當的方法去擺脫它，就不應放棄它。」

生活中，誘惑是無處不在的。臣服於誘惑將給我們造成不幸與災難。認清誘惑，經常性地進行自我盤點，和誘惑保持足夠的距離，才能保證健康的自我發展空間。

現實生活中，需要有一種放棄的清醒。今天，擺在每個人面前的誘惑實在太多，這就需要我們保持清醒的頭腦，進行正確選擇。如果抓住想要的東西不放，甚至貪得無厭，就會帶來無盡的壓力和痛苦不安，甚至毀滅自己。人生總會面臨許多誘惑，它之所以稱爲誘惑，是因爲它對人具有巨大的吸引力，會動搖人們的意志，使人們做出違背自己意志的選擇。誘惑是美麗的，它也許是你饑餓時的一塊大蛋糕，也許是大把的鈔票，也許是夢寐以求的職位。

像幸運與災難一樣，誘惑在人的生活中也扮演了它的一個角色。誘惑是無處不在的。職場中，誘惑以其更多的姿態出現，如金錢、名譽、身分、地位、不能兌現的謊言等。所以，臣服於誘惑將給我們造成職業生涯和人生的不幸與災難。

野兔是一種十分狡猾的動物，缺乏經驗的獵手是很難捕獲牠們的。但是一到下雪天，野兔的末日就到了。因為野兔從來不敢走沒有自己腳印的路。當牠從窩中出來覓食時，牠是小心翼翼，一有風吹草動，牠就會逃之夭夭。

但是當牠認為這段路是安全的，牠回程時就會按著原路回來。獵人便根據野兔的脾氣，只要找到野兔在雪地裏留下的腳印，就做一個機關，然後恢復表面的形狀，第二天早上就可以去收穫獵物了。

我們必須與各種各樣的人打交道，會與許多說不清的風險相遇。如果缺乏對自己基本負責的態度，和對內外風險的防範之心，就可能造成生命財產、情感、事業等多方面的破壞。如何保護自己，讓自己的生命、事業等都得到必要保證，這就是基本的生存之道。我們有時會遇到別人對你甜言蜜語，給你種種好處的情況。甜言蜜語使人十分舒適，而種種好處更使人陶醉。然而，最甜蜜的舉止，也許是最毒的藥物；最大的好處，也許是最深的陷阱。

不要輕易向各種誘惑低頭，堅持自己的方向與計畫，管理好自己的人生。否則，你很可能因爲眼前的一點點安逸享受，而損失掉生活中真正的財富。

3 幸福的真相

金錢、聲色、名利，這些很多人追求的東西，即使擁有再多也不會感到滿足。它們是使人們墮入地獄苦海的工具，我們要厭惡它們，拋棄它們，只有這樣才能擺脫這些東西的束縛，自己的身心才能自在。

——弘一法師

心理學家說：「一個人體會幸福的感覺不僅與現實有關，還與自己的期望值緊密相連。如果期望值大於現實值，人們就會失望；反之，就會高興。」的確，在同樣的現實面前，由於期望值不一樣，你的心情、體會就會產生差異。

弘一法師說：「什麼是貪？貪名、貪利、貪感情、放不下，貪這個世界上的一切，都是屬於貪。」

曾經有一個讀書人，從小家境貧寒，看到那些有權有勢的人整日衣食無憂，他便下定決心將來一定要升官發財，過上幸福的生活。

他一生追逐名利，可是他發現，隨著官職不斷提升，自己的煩惱並沒有因此而減少。「可能自己的官位還不夠高吧！」他這樣安慰自己。

最後，他被提升為當朝宰相，可還是終日煩惱纏身。雖說現在他已經身居高位、衣食無憂，可是，他並沒有感到幸福。於是，他決定親自去尋找解脫煩惱的秘訣。他走到山腳下，看到一個牧羊人正騎著馬、吹著笛子，一副悠閒自在的樣子。他向牧羊人問道：

「你為什麼會過得這麼快樂？能把你快樂的方法教給我嗎？」

牧羊人答道：「只要騎騎馬，吹吹笛，什麼煩惱都可以忘記了。」

他按照牧羊人的方法試了試，但是並沒有什麼效果。於是，他放棄了這個方法，繼續向前尋找。後來，他又遇到幾個快樂的人，按照他們的方法嘗試後都沒有效果。他決定前往得道高僧那裏尋求解脫煩惱的方法。

這天，他帶著滿身的困惑前往一座寺廟。走進去，看到一位面帶微笑的老和尚正在打坐修行。他先向老和尚深深地鞠了一躬，然後表明自己的來意。

聽完他的訴說，老和尚問道：「你想尋求解脫嗎？」

他答道：「是。」

老和尚繼續問道：「難道有人把你捆住了嗎？」

他答道：「沒有。」

老和尚又說：「既然沒有人捆你，那麼何來解脫之說？」

聽完老和尚的話，宰相頓時有些明白過來。長久以來，正是他自己讓自己內心充滿煩惱。

在這個故事中，宰相一生都在追求幸福，然而，他錯把權力與財富當成是幸福。所以，當他身居高職、衣食無憂之時，仍然會被煩惱纏身。在他尋找快樂的途中，對於牧羊人快樂的方法，他只是學到表面，並沒能真正弄明白幸福快樂的原因，在與老和尚的一席話中，他才發現長久以來的煩惱與憂慮，正源於自己對名與利的過多追求才讓心靈背負過多。

許多人總是執迷不悟，一生都在追求名、利、錢、權中度過，豈不知你所追求的東西都只是羈絆，如若過於執著，智慧讓心受累，哪裡會有解脫之日。

幸福到底是什麼？許多人都在問，其實得到幸福的方法很簡單。聽一聽自己內心的聲音，扔掉那些對自己來說十分奢侈的夢想和追求，那麼，你就被幸福包圍了。

人們總是喜歡拼命地追求、索取，以為這樣便可以得到幸福，殊不知，當你費盡心機地實現了這個目標，消除了一個煩惱，很快你又會有新的沒有實現的目標，你又會煩惱。如此反覆，永無盡頭。事實上，人們追求的東西往往是自己並不需要的。所以追求幸福最有效的方法就是「降低你的欲望」。通過心理調節，使自己能夠平靜地對待目標，從而減輕或消除心理負擔，幸福也就會悄然而至。在世界上所有獲得幸福的途徑中，這種方法的投入產出比最高，它基本上不用你花一分錢，有時甚至能幫你省錢。

4 別把自己的夢想寄託在孩子身上

愛是讓孩子敬畏而不是畏懼；愛是對孩子關懷而不是禁閉。
愛是教孩子自立自強，而不是自私自利。
愛是教孩子學習流汗，也學習流淚。

——弘一法師

「我這輩子就這樣了，剩下沒有做完的就讓孩子替我實現吧！」生活中，很多人都會這樣想，你完成不了的夢想，讓孩子去完成，這不是放下，而是一種變相的執著。這樣無論對誰都是不公平的。

古時候，有一個能征善戰的將軍非常喜歡古玩。

有一天，他在家中把玩最喜歡的瓷杯。突然一不小心，瓷杯溜了手。好在將軍身手敏捷，立刻把它接住了。

不過，他也因此嚇出一身冷汗。將軍心想：「我統領百萬大軍，出生入死，從未害怕過。今天為何只為一個小小的瓷杯就嚇成如此呢？」

一剎那間，他開悟了，原來是他的心「被瓷杯操縱」，才使他受驚嚇啊！

真正的快樂是心靈的快樂，真正的釋然是心靈的釋然。對事物過於執著，就遮蓋了內心原本的自在。當你不再執著於「瓷杯」這樣的身外物時，你的生命就會開始豁達，心扉也會悄然打開。人生的一些痛苦恰恰源於過於執著。

人們總是有一種追求極致的心態，執著於名校、執著於第一名……因爲第一名總是擁有無盡的榮譽，總是備受矚目。其實，人生很簡單，盡力而爲即可。生與死，得與失，榮耀與恥辱，成功與失敗都不重要，重要的是我們心中的坦然與放鬆。

每個孩子長大後都會希望可以脫離父母的光環，自己成就一番事業，甚至有時孩子也不願意走父母的老路。他們需要的是自己喜歡的，而不是父母強加的。就算他們是你當初的夢想，可是在你愛的壓力和負擔下，也會嚇跑孩子。

5 必要時學會吃虧

學一分退讓，討一分便宜；增一分享用，減一分福澤。

——弘一法師

常說，「吃虧是福」。可是，生活中還是有很多人喜歡斤斤計較，任何事情都吃不得一點虧。如果讓他們吃虧了，那麼他們定會從其他的地方把吃了的虧索取回來。如果沒有在其他地方占到便宜，那麼他們也會對自己所吃的虧而耿耿於懷。

現實中，有很多人爲了顯示自己很有實力，就把不可以吃虧、受人欺負定爲做人的頭一條。在菜市場爲了幾毛錢而和商販大聲地爭吵，在公車上爲了誰碰到誰而和對方爭執，工作上的不順心就想著要離開公司……這樣的人，心裏的小鬧鐘反覆提醒自己：不能吃一點虧！

生活中，一個不懂得吃虧的老闆，他的生意永遠也不會有大收穫，甚至會把生意關在門外。不懂得忍讓，不懂得適時吃虧，這樣的人時間長了也會讓人覺得無趣。當你爲了不讓自己吃虧而和別人爭辯的時候，也會讓人感覺到你的粗俗。所以，必要的時候要學會吃虧。

6 管好自己的嘴

一切處無心是淨；
得淨之時不得作淨想，名無淨；
得無淨時，亦不得作無淨想，是無無淨。
——弘一法師

做大事的人，不會冒冒失失地挑起爭端，反而會讓對方覺得凡事都是爲他著想的。別人願意把自己的隱私告訴你，是對你的信任，如果你不小心說漏了嘴，不僅自己落了個不守約定的罵名，連朋友估計也做不了了。

每個人都有深藏心中的幾個小秘密，如果你的朋友願意把一些秘密和你分享，你們一定是非常好的知心朋友。對於朋友的秘密，即便他沒有叮囑你不要外洩，你也應該心知肚明這種事傳出去會對他造成影響。所以別人的隱私請一定要咽進肚子裏。

很多人除了愛「八卦」外，做人還容易犯的一個毛病就是「愛揭短」。有時是故意的，那是互相敵視的雙方用來攻擊對方的武器；有時則是無意的，那是因爲某種原因一不小心犯了對方的忌諱。但是總體來說，有心也好，無意也罷，在待人處世中「揭人之短」都會傷害對方的自尊，輕則影響雙方的感情，重則導致人際關係緊張。

通常，人在吵架時最容易暴露對方的缺點。無論是挑起事端的一方還是另一方，都是因爲看到了對方的缺點並產生了敵意，敵意的表露使雙方關係惡化，進而發生爭吵。爭吵中，雙方在眾人面前互相揭短，使各自的缺點都暴露在大庭廣眾之下，無論對哪一方來說都是不小的損失。

某公司的一個部門裏有兩個職員，工作能力難分伯仲，互為競爭對手，誰會先升任科長是部門內十分關心的話題。但這兩個人競爭意識都過於強烈，凡事都要對著幹。

快到人事變動時，他們的矛盾已激化到了不可收拾的地步，好幾次互相指責，揭對方的短。科長及同事們怎麼勸也無濟於事。結果，兩人都沒有被提升，科長的職位被部門其他的同事獲得了。

因為他們在爭執中互相揭短，在眾人面前暴露了各自的缺點，讓上級認為兩人都不夠資格提升。

任何一個人都是可以成爲「敵人」也可成爲朋友的，而多一些朋友總比四面樹敵要好。把潛在的對手轉化爲自己的朋友，這才是最好的辦法。

打人不打臉，罵人不揭短。言論自由的現代社會，人們一樣也有忌諱心理，有自己與人交往所不能提及的「禁區」。在辦公室中，尤其是那種當面揭短的話更是不能說，這樣不但會使同事之間的關係惡化，還可能造成更爲嚴重的後果。

【第十二章】

不較真，水至清則無魚

根身器界一切鏡相，皆是空花水月，迷著計較，徒增煩惱。

自家有好處，要掩藏幾分，這是涵育以養深；

別人不好處，要掩藏幾分，這是渾厚以養大。

不自重者取辱，不自畏者招禍。

1 讓你贏，我也沒有輸

爭論是這個世界上最大的空耗。在辯論結束之後，爭論的雙方十有八九比原來更堅持自己的論調。

——弘一法師

小和尚來到山下的河邊挑水。

一個人忽然走上前來，問：「小和尚，我問你個問題，可以嗎？」

小和尚說：「當然可以。」

那人問：「你知道一年有幾季？」

小和尚以為是什麼高深的問題，沒想到這麼簡單，脫口而出：「四季！」

「不對！三季！」

「誰都知道，一年有四季，春夏秋冬，一季三個月。」

「你說三季，這三季叫什麼？」小和尚不悅地說。

「三季叫早季、中季、晚季，一季有四個月。」那人非常武斷地說。

「四季！」

「三季！」

小和尚和那個人爭得臉紅脖子粗，誰也不讓誰。

後來，那個人提議說：「這樣吧，咱們去問問你的師父，他要是說一年四季，算我輸，我給你磕三個頭；他要是說一年三季，你輸，你給我磕三個頭。怎麼樣？」

「行。走吧。」小和尚自信地說。

他們來到覺慧師父的面前，說明來意。覺慧師父看了看那個人，微笑著說：「是你對了，一年只有三季。」

小和尚聽得目瞪口呆，用懷疑的目光看著師父。

覺慧師父對小和尚說：「快給他磕三個頭吧。」因為事先有約，小和尚不得不給他磕了三個頭。

那個人得意地下山了，小和尚不解地問師父：「師父，一年明明是四季，你怎麼說三季？」

覺慧師父說：「他問這麼簡單的事，就說明他是一個不簡單的人！你看他那個樣子，我要是說四季，他會那麼得意地下山嗎？跟這種人較真，你就是贏了，也是輸了。」

小和尚回到房裏越想越氣，不想在這兒再待下去了，於是收拾行李下山了。

覺慧師父知道後，不以為然地說：「讓他去吧，過幾天他想通了就會回來了。善哉善哉……」

幾天後，小和尚在鬧市中看到兩個人大打出手。其中一個就是在前幾天問他一年有幾季的那個人，兩個人都打得頭破血流，傷得不輕。

小和尚問旁邊的人，他們為何打架？旁人告訴他，這兩個人因為一年有幾季的問題爭吵不休，後來就打了起來。小和尚心想，還是師父高明，不然，我也會和這個人打起來。小和尚默默地離開了，他決定還是回去繼續修行。

的確，什麼人能用辯論換來獲得勝利呢？在辯論結束之後，爭論的雙方十有八九比原來更堅持自己的論調。我們能在辨認中獲勝嗎？永不可能，因爲假如我們辯論輸了，那便是無話可說；就算是贏了，一樣也是「輸」。爲什麼呢？假如我們贏了對方，把他的說法攻擊得體無完膚，那又能怎樣呢？我們如果得到一時的勝利，那種快感也維持不了多久。相反的，如果對方在爭辯中輸了，必然會認爲自尊心受損，日後找到機會，必然又是報復。因爲一個人若非自願，而是被迫屈服，內心仍然會堅持己見。

想在爭論中取勝，最好的方法就是避開爭論。發生矛盾或遇到不順心的事，生氣是沒有用的，發火更是不該，想想怎麼解決矛盾才是最好的辦法。當被別人諷刺、嘲笑時，如果立刻生氣，反唇相譏，則很可能引起雙方爭執。但如果此時用沉默做爲武器以示抗議，或用寥寥數語正面表達自己受到的傷害，對方反而會感到尷尬。

2 打破分別心，得開悟

我們不要對人生有那麼多計較，因為正是這些計較阻礙我們開悟，阻礙我們去認識人生真正價值的東西。

如果我們可以學習赤子、寧作傻瓜，那麼我們就會生起單純的心。

——弘一法師

在很久以前，有一個禪師，人們都稱他為「無相大師」。

無相大師給弟子開示時，常對他們說：「修行就是要寧願作傻瓜，要有傻瓜的精神才可能證悟，才有可能開悟。」

因為他常常講這句話，所以所有的弟子都記住了：「師父說寧作傻瓜。」

有一天，突然下大雨，廟裏漏雨漏得淅哩嘩啦，大師大聲叫弟子趕快來接雨，但是很多弟子都出去了，只剩下了兩個小和尚，聽到師父叫，兩個人趕快拿了桶子跑出來接雨。

其中一個弟子拿一個很小的桶子衝出來，無相大師看到他拿著一個小桶子，有點生氣地說：「雨下得那麼厲害，漏了好幾個地方，只拿了一個這麼小的桶子，真是傻瓜。」

這個弟子就很不高興，心想：「我匆匆忙忙跑過來接雨，結果師父還罵我傻瓜。」越想心裏越生氣。

第二個徒弟聽到師父叫時，慌忙中拿了一個竹簍子衝出來。無相大師心想：怎麼會有這樣的徒弟，竟然傻成這樣？就很不高興地罵他說：「你真的是個大傻瓜！」

這個弟子一聽，卻非常開心，想：「師父一直都在鼓勵我們要作傻瓜，現在竟然說我是個大傻瓜，這一定是在讚嘆我了不起。」便這樣起了歡喜心，心開意解，得到了開悟。

這個弟子究竟開悟到什麼了呢？我們可以從兩個角度分析：一個是打破分別心。當我們受到別人批評的時候，我們可以生氣、不開心，給自己帶來煩惱，但是我們也可以不生氣，寧可作傻瓜，很開心，可以讓自己沒有煩惱。就像我們看到一個碗，可以想：「這個碗很漂亮，可惜破了一個洞。」但也可以反過來想：「這個碗雖然破了一個洞，但還是很漂亮！」

另一個是從悟的境界來講，傻的人並不是真傻，而是在生活裏沒有心機，保持在一種純然的狀態。當我們看到所謂「傻的人」開開心心的時候，我們總會有很多疑問，爲什麼他們沒有煩惱？爲什麼一些人總是被煩惱困擾著？這難道是因爲很多人過於聰明嗎……

很多人都沒有弄明白「傻」的真諦，他們認同表面上的聰明，而卻沒有找到聰明的真諦是什麼。所以說，不要有太多的雜念，忘掉塵世的喧囂與浮華，不要過分的計較得與失，做回最真的自己是最爲重要的。

一個人的一生不可能什麼都能得到滿足，得到了這個將會失去那個，如果一個人一生將在不知足的狀態下生存，那豈不是給自己增添很多煩惱。

人的欲望是沒有止境的陷阱，有些人爲什麼沒有掉進去，因爲他們欲望不強嗎？並不是這樣，主要就是他們知足，不想讓自己有煩惱。

我們當然不要像「佛」一樣不食人間煙火，但也不能太貪心，或許你找了很久，驀然之間你會發現自己苦苦找尋的是如傻瓜一般的最簡單的東西，這會讓你有無窮的快樂。

3 識時務者為俊傑

成功的人不是那些抗拒潮流的人，而是能預測並接受改變的人。我所知曉的每一位成功者，都是竭盡所能處理所面對的狀況，而非坐待更好的來日。

——弘一法師

古人說「識時務者爲俊傑」，自古雄才大略之人皆能順應時勢而成大事，永遠走在時代的前面。兵法說，戰法應該「與時遷移，隨物變化」，這也就是「造勢」的奧妙所在。其實，掌握時機永遠是政治家的智慧體現。在什麼時候實施自己的計畫，什麼時候又欲擒故縱，這些都是智慧。有時，等待的結果是養虎爲患；有時，等待則是成功的重要保證。

在一連串不可抗拒的因素下，要想走有利於自己發展的道路，就要有長遠的戰略規劃和發展目標。既然重在長遠，就不能在意眼前，該退讓的時候就退讓。

有一則寓言故事：

一匹精良的馬從草原上經過，眼前全是綠油油的青草，牠一邊隨便地吃幾口，一邊向前走。

牠越走越遠，而草越來越少，幾天後，牠已經接近沙漠的邊緣了。

牠只要回頭走就可以重新吃到美味的青草，但牠堅持地想：「我是一匹精良的馬，好馬不吃回頭草。」後來，在饑餓的折磨下，牠倒在了沙漠中。

在古代，像這樣有「骨氣」的人，寧可被活活餓死也不屈服，的確是很偉大的，但有時候，你並不能把「骨氣」與「意氣」劃分得很清楚。絕大多數人在面臨該不該退讓時，都把「意氣」當成「骨氣」，或用「骨氣」來包裝「意氣」，明知「回頭草」又鮮又嫩，卻怎麼也不肯回頭去吃。

在面對殘酷的現實時，餓死的「好馬」就變成了「死馬」，也就不再是一匹「好馬」了。「好馬不吃回頭草！」這句話使很多人不知喪失了多少機會。絕大多數人在面臨該不該回頭時，往往意氣用事，明知「回頭草」又鮮又嫩，卻怎麼也不肯回頭去吃，自以爲這樣才是有「志氣」。

其實，在面臨回不回頭的關卡時，你要考慮的不是面子問題，而是現實問題。比如，你現在有沒有「草」可吃？如果有，這些「草」能不能吃飽？如果不能吃飽，或目前無「草」可吃，那麼未來會不會有「草」可吃？還有，這「回頭草」本身的「草色」如何？值不值得去吃？

4 不較真能容人

根身器界一切鏡相，皆是空花水月，迷著計較，徒增煩惱。

——弘一法師

做人、處世認真有必要嗎？答案是肯定的。但是，認真不能較真，認真也要看在什麼時候、什麼事情上，有很多時候是認不得「真」的，該糊塗的時候，你還要堅持認真，那只會給自己帶來無盡的煩惱。

有師徒二人出遊，來到一個地方感覺腹中饑餓，師父就對徒弟說：「前面一家飯館，你去討點飯來。」徒弟領命到了飯館，說明來意。

那飯館的主人說：「要吃飯可以，不過我有個要求。」

徒弟忙問：「什麼要求？」

主人回答道：「我寫一個字，你若認識，我就請你們師徒吃飯，若不認識就亂棍打出。」

徒弟微微一笑：「我跟隨師父多年。別說一字，就是一篇文章又有何難？」

主人卻說：「先別誇口，認完再說。」說罷，拿筆寫了一個「真」字。

徒弟哈哈大笑說：「主人家，你也太欺我無能了，我以為是什麼難認的字，此字我五歲就認識，不就是認真的『真』字嗎？」

店主冷笑一聲：「哼，無知之徒。」

徒弟無奈，只好空著手回來見師父，說了經過。師父微微一笑：「看來他是非要為師前去不可。」便來到店前說明來意。

店主照樣寫下「真」字。師父答曰：「此字念『直八』。」

店主笑道：「果是大師來到。請！」便不花一分錢吃了飯。

徒弟不懂，問道：「師父，你不是教我們那個字念『真』嗎？什麼時候變成『直八』了？」

師父微微一笑：「有時候許多事是認不得『真』的啊！」

人年少氣盛時，凡事斤斤計較，錙銖必究，這還有情可原；一個人年事漸長，閱歷漸廣，涵養漸深，對爭取之事就應該看得淡些，凡事不必太認真，要有寬恕之心，凡事順其自然最好。

事實上，難得糊塗是心理環境免遭侵蝕的保護膜，在一些非原則性的問題上糊塗一下，無疑能提高心理承受能力，避免不必要的精神痛楚和心理困惑。有了這層保護膜，會使你處亂不驚、遇煩不憂，以恬淡平和的心境對待生活中的各種緊張事件。

不過，如果要求一個人真正做到不較真能容人，也不是簡單的事。首先需要有良好的修養、善解人意的思維方法，並且需要從對方的角度設身處地考慮和處理問題，多一些體諒和理解，從而就會多一些寬容、多一些和諧、多一些友誼。

比如，有些人一旦做了官，便容不得下屬出半點差錯，動輒橫眉立目，令屬下畏之如虎，時間久了，必積怨成仇。想一想天下的事並不是你一人所能包攬的，何必因一點點毛病便與人治氣呢？但如若調換一下位置，挨訓的人也許就理解了上司的急躁情緒。

另外，在公共場所遇到不順心的事，也實在不值得生氣。素不相識的人冒犯你肯定是另有原因的，不知哪一種煩心事使他這一天情緒惡劣、行爲失控，正巧讓你趕上了，只要不是侮辱了你的人格，我們就應該寬大爲懷，不以爲意，或以柔克剛，曉之以理。總之，不能同與你原本無仇無怨的人瞪著眼睛較勁。假如較起真來，大動肝火，刀對刀、槍對槍地幹起來，釀出個什麼後果，那就犯不上了。

5 讓自己「出醜」又何妨

自家有好處，要掩藏幾分，這是涵育以養深；
別人不好處，要掩藏幾分，這是渾厚以養大。
——弘一法師

世間絕大多數人都喜歡嘲笑別人，卻不願意被別人嘲笑。但在別人處於尷尬境地時，你如果能通過讓自己「出醜」來減少他的難堪，他一定會對你非常感激。

曾任美國總統的吉羅德・魯道夫・福特在大學時期是一名橄欖球運動員，所以直到他六十一歲入主白宮時，身體仍然非常挺拔結實。毫無疑問，他是自老羅斯福總統以來，體格最為健壯的一位。榮任總統以後，他仍然堅持體育鍛煉，常去滑雪、打高爾夫球和網球。

有一次，他到奧地利訪問，當飛機抵達薩爾茨堡，走下弦梯時，皮鞋碰到一個隆起的地方，腳一滑就跌倒在跑道上。

記者們便把他這次跌跤當成一件大新聞，大肆渲染起來。同一天，他又在麗希丹宮的長梯上滑倒了兩次，險些跌下來。

隨即有傳言散播開來：福特總統笨手笨腳，行動不靈敏。自薩爾茨堡後，福特每次只要不小心跌跤，記者們總是添油加醋地報導。甚至到後來，他不跌跤也變成新聞了。

電視節目主持人還在電視中和福特總統開玩笑。喜劇演員蔡斯也在節目裏模仿總統滑倒和跌跤的動作。

福特的新聞秘書朗・聶森對此提出抗議。對記者說：「總統是健康而且優雅的，他是歷屆總統中身體最健壯的一位。」

「我是一個活動家，」福特說道，「活動家比任何人都容易跌跤。」

但他對別人的玩笑總是一笑了之。他還在華盛頓廣播電視記者協會年會上，和蔡斯同台表演。當輪到福特出場時，他站了起來，佯裝被餐桌布纏住了，弄得碟子和銀餐具紛紛落地，他裝出要把演講稿放在樂隊指揮臺上，可一不留心，稿紙掉了，撒得滿地都是。

眾人哄堂大笑，他卻滿不在乎地說道：「蔡斯先生，你是個非常、非常滑稽的演員。」

自嘲，字典中的意思就是自我嘲笑，自我解嘲的意思。自嘲是心胸開闊、為人寬厚、性格幽默的表現。在這個社會充滿挑戰與壓力的社會中，學會自嘲顯得尤為重要。

著名的哲學家蘇格拉底很善於自嘲。他的妻子是個「潑婦」，常對他發脾氣，而蘇格拉底總是對旁人自我解嘲說：「討這樣的老婆好處很多，可以鍛煉我的忍耐力，加強我的修養。」

一次，老婆又發起脾氣來，大吵大鬧，很長時間還不肯甘休，蘇格拉底只好退避三舍。他剛走出家門，他的老婆突然從樓上倒下一大盆水，把他澆得像隻落湯雞，只見蘇格拉底不慌不忙地說：

「我早就知道，響雷過後必有大雨，果然不出所料。」

自嘲能幫我們建立起良好的心理素質，而擁有良好的心理素質無異於獲得不老的良藥。

古代有一個文人叫梁灝，少年時立下誓言，不考中狀元誓不為人。結果時運不濟，屢試不中，受盡別人的譏笑。但梁灝並不在意，他總是自我解嘲地說，考一次就離狀元近了一步。他在這種自嘲的心理狀態中，從後晉天福三年開始應試，歷經後漢、後周，直到宋太宗雍熙二年才考中狀元。

他寫過一首自嘲詩：「天福三年來應試，雍熙二年始成名。饒他白髮頭中滿，且喜青雲足下生。觀榜更元朋儕輩，到家唯有子孫迎。也知少年登科好，怎奈龍頭屬老成。」

自嘲使梁灝走過了漫長的坎坷，最終走向成功。自嘲，也使他走向了長壽，活過了古代難以逾越的九旬高齡。

在我們的生活中，幾乎每個人都會遇到一些讓人難堪的局面，遇到窘境，如何冷靜應對，調整心情呢？「自嘲」是一劑平衡自我心理的良藥。

一次，林肯在某個報紙編輯大會上發言，指出自己不是一個編輯，所以他出席這次會議，是很不相稱的。為了說明他最好不出席這次會議的理由，他給大家講了一個小故事：

「有一次，我在森林中遇到了一個騎馬的婦女，我停下來讓路，可是她也停了下來，目不轉睛地盯著我的臉看。她說：『我現在才相信你是我見到過的最醜的人。』我說：『你大概講對了，但是我又有什麼辦法呢？』她說：『當然你生就這副醜相是沒有辦法改變的，但你還是可以待在家裏不要出來嘛！』」

大家為林肯幽默的自嘲而啞然失笑。

其實，自嘲既可以讓我們挽回面子，也可使我們保持平靜的心情。比如：當你在經濟上受到不合理的待遇時，當你的生理缺陷遭到別人的嘲笑時，當你無端受到別人攻擊時，你不妨採用阿Q的精神勝利法，比如「吃虧是福」，「破財免災」等等調節一下你失衡的心理；在一些非原則問題上，可以裝裝糊塗、爲心靈增加一層保護膜。

二戰期間，德、英、蘇三國首腦在德黑蘭會談時，氣氛非常緊張。邱吉爾是個不拘小節的人。

一天開會時，史達林注意到英國外交大臣艾登悄悄遞給首相邱吉爾一張字條，邱吉爾匆匆一瞥，神秘地說：「老鷹不會飛出窩的！」當即將字條放在菸斗上燒掉了。

多年後，赫魯雪夫訪問英國時，舊話重提，艾登哈哈大笑：「我當時寫的字條說，他的褲襠紐扣沒扣上。」

一個會自嘲的人，往往是一個富有智慧和情趣的人，也是一個勇敢和坦誠的人。自嘲是一種鮮活的態度，它會讓原本沉重的東西，剎那間變得輕鬆無比，會讓不快與煩惱隨風而去。自嘲，是一劑宣洩積鬱、製造心理快樂的良方，當然也是反嘲別人的武器。

學會自嘲，不爲名利所累，不爲世俗所擾，不以物喜，不以己悲，心懷坦蕩，以豁達的心態對待人生，會使你生活幸福，身體健康。

6 賣弄小聰明，貽害無窮

不自重者取辱，不自畏者招禍。

——弘一法師

總有些人在做事前會費盡心思地盤算能不能偷工減料，能不能找到解決問題的小竅門、小技巧，甚至不惜損害他人的利益來達到自己的目的。這些人總以為自己很聰明，可事實證明，越是自作聰明的人，越是「聰明反被聰明誤」。

人有些小聰明是好事，但是我們不應當將所有的希望，將事物的成敗都寄予我們的「小聰明」上，更多的時候，我們需要的是腳踏實地地去做，去努力，而不是依靠投機取巧。

一天，柏拉圖正和他的學生走在馬路上。這名學生是柏拉圖的得意弟子之一。他很聰明，總是能在很短的時間之內領會老師的意思；他很有潛力，更能提出一些具有獨特視角的問題；他也很有理想，一直希望自己能夠成為像老師一樣偉大，甚至比老師還要博學的哲學家。所以他常常自視聰慧，不願意在學識上多下工夫，自認為聰明能敵過他人的努力。

但是柏拉圖認為他還需要生活的歷練，還需要更加刻苦。柏拉圖曾經語重心長地對這名學生說過一句話：「人的生活必須要有偉大理想的指引，但是僅有偉大的理想而不願意腳踏實地，一步一個腳印地朝著理想奮進，那也就不能稱為完美的生活。」

這名學生知道老師是在教導自己要腳踏實地，但他認為自己比別人聰明，總能用一些技巧輕易地解決問題，自己的理想也比別人的更加偉大，所以只要自己想做的，總能輕易地取得成功。

柏拉圖也相信這名學生能夠做出一番大事業，但是他卻只看到大目標而不顧腳下道路的坎坷以及自身的缺點。柏拉圖一直想找一個合適的機會讓學生自己意識到他的這一缺點。

有一天，柏拉圖看到他們前面不遠處有一個很大的土坑，土坑周圍還有一些雜草，平常人們只要稍加注意就可以繞過這個土坑，但柏拉圖知道他的學生在趕路時經常不注意腳下，於是，他指著遠處的一個路標對學生說：「這就是我們今天行走的目標，我們兩個人今天進行一次行走比賽如何？」

學生欣然答應，然後他們就開始出發了。

學生正值青春年少，他步履輕盈，很快就走到了老師的前面，柏拉圖則在後面不緊不慢地跟著。柏拉圖看到，學生已經離那個土坑近在咫尺了，他提醒學生「注意腳下的路」，而學生卻笑嘻嘻地說：「老師，我想您應該提高您的速度了，您難道沒看到我比您更接近那個目標了嗎？」

他的話音剛落，柏拉圖就聽到了「啊！」地一聲叫喊，學生已經掉進了土坑裏。

這個土坑雖然沒有讓人受重傷的危險，卻讓掉下去的人無法獨自上來。學生只能在土坑裏等著老師過來幫他。

柏拉圖走過來，他並沒有急著去拉學生，而是意味深長地說：「你現在還能看到前面的路標嗎？根據你的判斷，你說現在我們誰能更快地到達目的地呢？」

聰明的學生已經完全領會了老師的意思，他滿臉羞愧地說：「我只顧著遠處的目標，卻沒走好腳下的每一步路，看來還是不如老師呀！」

一個人擁有智慧的頭腦是值得驕傲的，但是聰明並不代表著一切，聰明是天賦，是先天的優勢，但是成功卻等於百分之一的天賦加上百分之九十九的汗水。倘若你比他人有天賦，那說明你比他人離成功更近，你有更多的資本走上成功的捷徑。但並不代表著成功，如果僅僅想要依靠聰明天賦來成就一番事業，而不願意腳踏實地、勤奮努力地做事，那即使有再高的天賦也是無用的，因爲成功還必須有付出和努力。

聰明也並不代表智慧。很多人在不同的方面都有些小聰明，但真正有大智慧的人卻寥寥無幾。

一個人如果把心思過多地用在小聰明上，必定沒有精力去開發和培植他的大智慧。聰明和智慧是兩個不同的概念，智慧有益無害，聰明益害參半，把握得不好的小聰明則貽害無窮。擁有太多小聰明的人，往往都用於追逐眼皮底下的蠅頭小利，看不到長遠的根本利益。相反地，具有大智慧者很少會在眾人面前炫耀自己的聰明才智，他們更不會自作聰明地做一些實際上愚蠢至極的事情。

真正的聰明者不需要通過投機取巧來加以表現，自作聰明者常常反被自以爲是的小聰明所累。

【第十三章】

「放空」自己，生命有縫隙才能透進陽光

我們的正事，不是去看陳列在遠處的東西，而是關心擺在手邊的東西。

靜坐，然後知平日之氣浮。

守默，然後知平日之言燥。省事，然後知平日之心忙。

1 不要預支明天的憂慮

所謂的生活，應該是專心活在當下。
你無法選擇將來要如何死和什麼時候死，但你卻能決定現在如何活下去。
——弘一法師

俗話說：「憂能傷人，愁能殺人。」許多想得太多的人，因爲心思太過沉重，所以很難體會到真正的人生樂趣。因此，當憂愁、擔心、哀傷等情緒如蛛網般纏上心頭時，請不要容它侵蝕你的心。如果你總是將一些沒必要擔憂的事，一遍又一遍地在腦中思來想去時，就會像不斷被拉扯的彈簧一樣，終有一天會被扯斷。

有一個年輕人跑去向智者傾訴煩惱。年輕人說了很多，可智者總是笑而不答。等年輕人說完了，智者才說：「我來給你撓一下癢吧。」

年輕人不解地問：「您不給我解答煩惱，卻要給我撓癢，我的煩惱與撓癢有什麼關係呢？何況我並不需要撓癢！」

智者說：「有關係，並且關係大著呢！」

年年輕人無奈，只好掀開背上的衣服，讓智者給自己撓癢。智者只是隨便在年輕人的身上撓了一下，便再也不理他了。

年輕人突然覺得自己背上有一個地方癢得難受，便對智者說：「您再給我撓一下吧。」

智者於是又在年輕人的背上撓了一下。可是，年輕人覺得這裏剛撓完，那裏又癢了起來，便求智者再給自己撓一下。就這樣，在年輕人的要求下，智者給年輕人撓了一上午的癢。

年輕人走的時候，智者問：「你還覺得煩惱嗎？」

整整一上午，年輕人都在纏著智者給自己撓癢，居然將所有煩惱的事情都給忘記了。於是，他搖了搖頭說：「不煩惱了。」

智者這才點頭笑著說：「其實，煩惱就像撓癢，你本來是不覺得癢的，但是如果你閒來無事撓了一下，便癢了起來，並且會越撓越癢。煩惱也是一樣，本來你不覺得煩惱，但是如果你閒來沒事時，便去想一些令自己煩惱的事，你便會開始煩惱起來，並且越想越煩。」

年輕人似有所悟。智者接著說：「煩惱最喜歡去找那些閒著沒事的人，一個整天忙碌著的人，是沒有時間去煩惱的！」

不知道大家有沒有留意過，久別的朋友見面，大多會彼此在一起抱怨自己活得多累，每天忙忙碌碌卻不知道自己到底在做什麼，有時特別想找一個沒有人的地方大哭一場，家庭的重擔、工作的壓力、人際的複雜……各種負擔如大山般壓在心頭，讓人喘不過氣來，而唯一一點屬於自己的時間，卻都用來爲明天的前途憂慮。

大多數抱怨者，都是一些事業有成、有車有房、家庭美滿的人，別人羨慕他們都還來不及呢。而他們之所以活得不幸福，究其原因就是因爲患上了「心靈憂慮症」，而對付這種「病」的辦法只有一個，那就是：不要想得太多。

我們都有過這樣的經歷：白天若是想得太多，一天的工作生活就無法正常進行，甚至還會頻頻出錯；晚上若是想得太多，常常是夜不能寐，就算勉強入睡，第二天起來也是昏昏沉沉。其實，轉念一想，就算事情真的發生了，想得再多又有什麼用呢？

有一個年輕人到了服兵役的年齡，他被分配到最艱苦的兵種——海軍陸戰隊。年輕人為此非常憂慮，幾乎到了茶不思、飯不想的地步。

年輕人有個深具智慧的祖父，他見到孫子整天都是這副模樣，便尋思著要怎樣好好地開導他。

這天，老祖父對年輕人說：「孫子，其實這沒有什麼可憂慮的。就算是當了海軍陸戰隊，但到部隊裏，還是有兩個機會，一個是內勤職務，另一個是外勤職務。你有可能被分配到內勤單位，這就沒什麼好憂慮的了！」

年輕人卻沒有這麼樂觀，他憂心地問道：「那如果我被分發到外勤單位呢？」

老祖父說：「那還有兩個機會，一個是可以留在本島，另一個是被分配到外島。你如果被分配在本島的話，那也沒什麼可憂慮的呀！」

年輕人又問：「那如果我不幸被分配到外島呢？」

老祖父說：「那不是還有兩個機會嗎，一個是待在後方，另一個是被分配到最前線。如果你是留在外島的後方單位，也是很好的，也不用憂慮啊！」

年輕人再問：「那如果我被分配到前線呢？」

老祖父說：「那還是有兩個機會，一個是只站站崗，平安退伍，另一個是會遇上意外事故。如果你只是站站崗，不用上前線打仗，依然能夠平安退伍，這也沒什麼可憂慮的！」

年輕人仍然憂慮道：「那麼，如果是遇上意外事故呢？」

老祖父說：「那還是有兩個機會，一個是受到輕傷，把你送回本島，另一個可能是受了重傷，無法救治。如果你只是受到輕傷，沒什麼大礙被送回本島，也不用憂慮呀！」

年輕人最為恐懼的地方就是這個，顫聲地問道：「那……如果非常不幸是後者呢？」

老祖父大笑起來，然後說道：「若是遇上那種情況，你人已經都死了，就更沒有什麼可憂慮的啦！憂慮的倒該是我了，白髮人送黑髮人的痛苦場面可並不好玩喲！」

生活不可能總像心目中所期望的那樣美好，有酸甜苦辣，有悲情苦楚，也有許多的憂慮。憂慮來源於生活，來源於對未知世界的不瞭解，也來自於自身的擔憂和顧慮。許多煩惱本不存在，但是在多慮的情況下，任何情況都可能造成你的憂慮。

個人的力量是渺小的，誰都無法與宿命抗衡，誰都改變不了既定的事實。我們倒不如順其自然，靜觀其變，並做好自己能做到的事情，只要無愧於心，此生就已無憾了。

2 真正的心靈度假

觀天地，念非常，觀世界，念非常，觀靈覺，即菩提。
如是知識得道疾矣！
——弘一法師

真正的心靈度假，不在於我們走多遠的路，而在於我們的心能夠獲得多少滿足，在於我們是否能洗去塵世的浮華，坐聽塵起塵落，靜觀雲卷雲舒。

「萬法本閒，唯人自鬧。」這是弘一法師反覆向弟子講述的一個道理。人的一生難免會有許多的欲望和追求，追求真理，追求理想的生活，追求刻骨銘心的愛情，追求金錢，追求名譽和地位……有追求就會有收穫，我們會在不知不覺中擁有很多，可其中有些是我們必需的，有些卻是我們完全用不著的。那些用不著的東西，除了滿足我們的虛榮心外，最大的可能，就是成爲我們的負擔。懂得簡單生活的人就善於放下欲望的包袱，總是主動減去生活中一些不必要的內容。簡單生活不是貧乏，而是繁華過後的一種覺醒，是一種去繁就簡的境界。

常用電腦的朋友應該都知道，我們在系統中安裝的應用軟體越多，電腦運行的速度往往就會越慢。而且在運行過程中，還會有大量的垃圾檔、錯誤資訊不斷產生，若不及時清理掉，不僅僅影響電腦的運行速度，還會造成死機，甚至整個系統的癱瘓。所以，我們必須定期刪除多餘的軟體，清理垃圾檔，這樣才能確保電腦的正常運行。

我們的生活和電腦系統十分相似，如果你想過一種簡單快樂的生活，就不能背負太多不必要的包袱，就要學會刪繁就簡。所以，大師告訴我們：「將煩惱和妄想從我們大腦的硬碟中刪除掉，不要佔用我們的心靈空間。學會活在當下，活在當下的分分秒秒，慢慢讓我們的心靈變得簡單而寧靜。」

弘一法師提倡「心靈度假」的理念。其實，度假並不是一定要去遠遊，如果我們的心被俗事所擾，即便我們走得再遠，飛得再高，也終究還是有所牽絆。相反，如果我們願意將生命中的每一天都用來體會度假的禪修，那麼，即便我們身處鬧市，卻依然能夠聆聽到鳥的鳴叫，感受到山的清幽。

所以，我們不妨從現在開始嘗試，嘗試關掉手機和電腦，細嚼慢嚥面前的每一種食物，品出麥子的清香、大米的甘甜、蔬菜的新鮮。然後帶本書去田野、去郊外，或者只是徒步去附近的公園，看藍天白雲，讀天文地理；拜訪老師、同學和朋友，參加聚會和交流；回家看望父母，為他們用心做一次飯，聽聽他們的回憶、暢想與嘮叨……慢慢的，你會忘記人世間的煩惱苦悶，你會發現原來越簡單的生活，滋味越美妙。

3 把自己從忙碌中解放出來

我們的正事，不是去看陳列在遠處的東西，而是關心擺在手邊的東西。

——弘一法師

忙，是很多人的共同感受。早上一睜開眼，緊張忙碌的生活就開始了。人們步履匆匆，總覺得工作和生活像打仗。好不容易下班了，還要把一些未做完的工作帶回家去做。而做家務、指導孩子學習，又是一場戰鬥，忙得腰酸背疼……日子就這樣一天天過去。

有時候，人們好像失去了生活目標，每天都在「與時間賽跑」，好像有一支無形的槍在抵著人們的後背，命令人們：「立即做好這件事！」……人像可憐的牛馬，被無窮無盡的事情驅趕著……

忙碌首先影響到人的健康：食欲缺乏、缺少睡眠、心臟病、高血壓、神經衰弱……

不少人由此淡漠了親情、友情：擠不出時間常回家看看，更談不上親子間的交流；還丟掉了自己的許多愛好和樂趣，例如讀書、下棋、散步……

隨著現代科技的發展，人們有電腦、手機、網路……本以爲這些東西可以減輕忙碌，誰知它們反給生活帶來了新的忙亂。

人變得更忙，也更累了。

美國包登公司的總裁養成每天走二十條街去辦公室的習慣，他大多數時間都不坐車趕時間。聯合化學公司董事長約翰・康諾爾偏愛原地慢跑，一直保持著標準體重。

日本岩田屋的中年田榮藏總經理每天早晨五點起床，打掃自家周圍三百米的馬路，這樣堅持掃了二十年。他說，這不僅使他身心舒暢，而且和附近的人們建立了良好的關係。

東芝電器公司總經理鶴尾勉在公司從來不乘電梯而爬樓梯，以此來鍛煉身體，也利用這點時間思考問題。

現在的人比二十年前的人睡眠時間減少了百分之二十。現在的社會已經變成「廿四小時的社會」，一切都在持續不斷地運轉。

人們真的需要這樣忙碌嗎？有些事不做或放到明天再做行不行？人們有必要把自己搞得這麼緊張嗎？

陸紹珩說：「在塵世中奔波忙碌，容易生病。病了，才能臥床享受一下欣賞青山的清福。人生一世，要常常吟詩歌唱，這樣在操筆時就能寫下『陽春白雪』的千篇佳作。」

難道你要在累了病了之後才想起「伏枕看青山」嗎?為什麼不現在就把工作量減少些,給自己留出一點時間和空間呢?

給要做的事情排一個先後順序,並隨時自問:「什麼才是要緊的事?」這將有助於你把握時間。否則你很快就會發現又忙亂起來,讓自己迷失在一堆事務之中。

4 「放空」自己，讓生命的縫隙透進陽光

靜坐，然後知平日之氣浮。
守默，然後知平日之言燥。
省事，然後知平日之心忙。
——弘一法師

人生，只有「放空」自己，才能讓生命的縫隙透進陽光。正如把手機電池裏的餘電都用掉，是爲了延長電池的使用壽命，也是爲了更好地充電一樣，我們放空自己，也是爲了讓自己得到更長久的幸福感，得到更多的充實感，能心平氣和地駕馭自己的情緒，遠離焦慮，胸襟也變得開闊起來，這時你會豁然發現，每一個讓自己頭疼的問題其實都已經有了答案。

很多人說，生活在凡塵瑣事中，真的可以完全「放空」心靈嗎？每天爲了生活奔波的我們，聽在耳裏、看在眼裏最多的都是一個字「累」。各種不得不擔當的責任下，是無盡的幽怨和惆悵；各種永無休止的忙碌下，是說不出的聲聲嘆息。

生存的危機和壓力，像一座高山般成爲越來越令人無法承受的生命之重。此時此刻，我

們最需要做的，就是抽出一段時間好好來休整調節自己疲憊的身心。工作、生存、責任固然重要，然而它們並不是我們活著的全部。所以，當煩惱瑣事來臨的時候，當內心迷茫的時候，何不選擇放空自己的心靈呢？

人一輩子不斷地經歷著不同的事物，如果想讓自己的人生變得輕鬆起來，就要學會「放空」不必要的心靈負累，珍惜眼前的美好，並積極接納新的事物。只有這樣，我們才能超越現在的生活階層，得到新的生活沉澱和感悟，讓人生在常變常新中不斷體驗不一樣的風景。

人生如積水，日積月累，不斷地有東西沉澱下來，無論這些東西曾經如何影響著自己的心靈和生活，我們都需要及時整理這些沉澱，有用的留下來，沒用的乾脆就扔掉。

弘一法師是這樣闡述「空杯心態」的：一個杯子，如果水裝得太滿，就很難注入新的水，那只有把杯子裏的水放空，才能夠注入新水，因爲心靈的空間是有限的，只有把過去放空，才能裝得下未來。

心靈空無一物，它便無邊無涯，我們都是人生路上緩緩流過的小溪，時而舒緩，時而激蕩。越積越多的欲望讓心靈的世界彷彿瀕臨窮途末路一般無奈。所以，何不降低目標，拋去那些沉重的陀螺似的旋轉，放空所有讓心情糟糕的情緒，來一場輕鬆自由的遠遊?!

當你真正「行到水窮處，坐看雲起時」，才會感悟到，原來走了一路才發現，人生至美的景色並非在險峻高峰，而是在每一次路途中的「坐看」之心，只有在走走停停間，整理惆悵煩惱的心緒，才會多出一份悠然的心態。要知道，生命也是有一定承受極限的，學會不斷重新審視調理自己的生活，才能讓生命的「新陳代謝」進行得更好。

走得太急，會錯過迷人的風景；吃得太快，會錯過美味的餘香。別讓靈魂趕不上行走的腳步。所以，請學會在人生的路途中偶爾等待，這世間，能讓心靈停下來放鬆的只有自己，能真正拯救自己的也只有自己。因此，學會愛自己吧，累了，就休息一下；忙了，就放鬆一下；煩了，就痛哭一場。誰也無法決定你的悲喜，誰也無法替代你的傷感，誰也無法左右你的生活。生活的鐘擺快慢，在於你自己如何撥弄，所以，偶爾撥慢一些，放空自己，才能夠傾聽生命的驚喜！

放下心靈的包袱，傾聽心底的聲音；放慢匆忙的腳步，感悟生命的靜美。偶爾放空自己吧，忘記資訊爆炸時代的喧囂，放棄沒有止境的貪婪，用無欲無求的視線，掃過湛藍的天空，越過風中的樹影，輕嗅花兒的芳香，讓繁忙的心找到棲息的港灣。偶爾放空自己，清理沉澱，開始新的生活，做自己想做的事，讓心靈每一天都沉浸在陽光中。這不就是我們忙碌之餘所要追求的幸福生活嗎？

放空自己，是感悟幸福的前提。讓我們試著在忙碌的生活中，適當調節整理自己的心情，做一個充實且快樂著的人吧！

5 必須勞逸結合，工作才能輕鬆

明天之前，要完成今天的事。但還要記得，明天和今天之間隔著睡眠之牆。

——弘一法師

強調放鬆，強調勞逸結合的重要性，就是因爲一個人只有在頭腦清醒的狀態下工作，才是高效率的。否則，就算花費在做事上的時間再多，效率也會很差。所以保持清醒的精神狀態對提高工作十分重要。

有個伐木工人在一家木材廠找到了工作，報酬不錯，工作條件也好，他很珍惜，便下決心要好好幹。

第一天，老闆給他一把利斧，並給他劃定了伐木範圍。這一天，工人砍了十八棵樹。老闆說：「不錯，就這麼幹！」

伐木工人很受鼓舞，第二天他幹得更加起勁，但是他只砍了十五棵樹。

第三天為了彌補昨天的缺額，伐木工人更加努力，可是這天卻砍得更少，只砍了十棵。

工人覺得很慚愧，跑到老闆那兒道歉：「老闆，真對不起，不知道為什麼，我的力氣越來越小了。」

老闆溫和地看著他，問道：「你上一次磨斧子是什麼時候？」

伐木工人望著老闆詫異地回答：「磨斧子？我天天忙著砍樹，哪裡有工夫磨斧子！」

當你從「十八棵樹」的成績降低到「十棵樹」的時候，就表示你必須找出時間，磨一磨你的斧頭了：多留一點時間休息，多花一點時間提高實力，才能做到頭腦清醒，事半功倍，讓每一分每一秒都在自己的掌控中。

獲得清醒狀態最好的辦法是休息。一個人只有休息好，才有可能精力充沛地投入到工作中去。問題是，許多人很難獲得高品質的休息，休息的時候，腦海裏還纏繞著各樣事情的種種細節，下意識中一直處在做事的狀態中，甚至睡覺的時候都要爲做事傷腦筋的程度。

桑德勒是美國加州的一位律師，工作非常認真，因此獲得了應有的地位和財富。然而，當他的事務所越做越大時，他卻發現了一個嚴重的問題：自己患上了失眠。每天晚上，桑德勒都無法安然入睡，儘管他已經非常疲憊，可依舊無法入夢。

因為律師職業的緣故，桑德勒平常休息的時間不多，他很少和朋友們聚會，更沒有和妻子一起旅行過，每天都在大量的卷宗中疲於奔命。他的妻子勸他：「你別這麼拼命了，你看你總是忙，晚上也不睡覺，飯都不怎麼吃，比過去瘦了好幾圈！」

看著鏡子裏的自己，桑德勒幾乎都認不出自己了。當年那個意氣風發、朝氣蓬勃的年輕人，如今看上去卻像五十多歲。桑德勒感到很憂慮，他不知道該怎麼調整自己，於是每天只能靠工作麻痹自己。

漸漸地，桑德勒的精神狀況越來越差，同事都勸他讓他好好放鬆一下。可是桑德勒認為，事務所是自己開的，要是自己不抓緊，那一定會出大問題。就這樣，桑德勒每天都是工作，一個星期下來，他睡覺的時間居然只有十個小時！

終於有一天，桑德勒在法庭上昏了過去。醫生告訴他，因為長期失眠的緣故，他的精神狀況到了崩潰的邊緣，甚至威脅到了生命。

這下子，桑德勒嚇壞了，趕緊和妻子到墨西哥旅遊了一番，這才漸漸恢復了健康。從這以後，他再也不敢疲於奔命。而他的失眠，竟然也就因此不治而癒！

人的身體如同一部機器，需要加油，需要停機冷卻。注意工作中的調節和休息，不但對自己的健康有益，對工作也是大有好處的。

爲什麼勞逸結合會對工作如此重要？因爲無論是誰，一旦工作過久，自然就會產生疲倦，厭煩也會逐漸入侵，這時如果不改變一下工作的步調，很可能會造成情緒不穩定、慢性神經衰弱以及其他疾病。

所以，在緊張之餘，我們一定要學會放鬆。當然，放鬆不一定要休息，其他方式同樣可以收到類似的效果。比如從腦力勞動轉換去做幾分鐘體力勞動、從坐姿變爲立姿、繞著辦公室走一兩圈……都可以迅速恢復精力。

健康的範圍很廣，包含了心理健康和身體健康，二者是相輔相成的。心理有問題，自然會導致身體出毛病，如心臟病、高血壓等；身體有了疾患，心理自然也會出現紊亂，最終發展成憂鬱症。所以，爲自己的身心健康著想，適當地放鬆自己的緊張心情，給自己一個相對平靜的空間，在工作之餘可以盡情放鬆，否則靈丹妙藥也不能挽救你的生命。

爲了讓工作高效化，更爲了自己的健康，總是疲於奔命的你，趕緊學會放鬆吧！莫要等到健康不在的時候，再後悔現在的生活狀態！

6 寂寞是一種清福

寂寞，是用來消化一些不平衡的感覺，用來消化所有的不能接受的結果，消化種種的抗拒，消化以往未了的事件。

隨著冰雪消融，我們的心漸漸地柔軟了，漸漸地喜悅了，漸漸地伸縮自如了。於是，智慧的力量應運而生。

——弘一法師

西方有位哲人在總結自己一生時說過這樣的話：「在我整整七十五年的生命中，我沒有過四個星期真正的安寧。這一生只是一塊必須時常推上去又不斷滾下來的崖石。」所以，追求寧靜或者追求寂寞對許多人來說成了一個夢想。由此看來，寂寞並不是每個人都能享受的。

可是，現實生活中，許多人害怕寂寞，時時找熱鬧躲避寂寞，很少有人能夠固守一方清淨，獨享一分寂寞，更多的人腳步匆匆，奔向人生鼎沸的地方。殊不知，熱鬧之後的寂寞更加寂寞。

如能在熱鬧中獨飲那杯寂寞的清茶，也不失爲人生的另類選擇與生存。但是，寂寞並不是每個人都會享受的！對於敢於同未來抗爭的人，才有面對寂寞的勇氣；在昔日擁有輝煌的人，才有不甘寂寞的感受；爲了收穫而不惜辛勤耕耘流血流汗的人，才有資格和能力享受寂寞。

許多人把失意、傷感、無爲、消極等與寂寞聯繫在一起，認爲將自己封閉起來，就是寂寞，其實，這是一種誤解。倘使這樣去超越生活，不僅限制生命的成長，還會與現實隔閡，這樣的人只是逃避生活。

寂寞是一種享受。在這喧囂的塵世之中，要保持心靈的清淨，必須學會享受寂寞。寂寞就像個沉默少言的朋友，在清淨淡雅的房間裏陪你靜坐，雖然不會給你諄諄教導，但卻會引領你反思生活的本質及生命的真諦。

寂寞時，你可以回味一下過去的事情，以明得失，也可以計畫一下未來，未雨綢繆；你也可以靜下心來讀點書，讓書籍來滋養一下乾枯的心田；也可以和妻子一起去散散步，彌補一下失落的情感；還可以和朋友聊聊天，古也談，今也談，不是神仙，勝似神仙。

寂寞是一種難得的感受。當你想要躲避它時，表示你已經深深感受到它的存在。此時，不妨輕輕地關上門窗，隔去外界的喧鬧，一個人獨處，細心品味寂寞的滋味。坐在桌前，焚一爐檀香，沖一杯咖啡，翻一本酷愛的圖書，感受久違的紙墨清香。

當然，如果你願意，也可以什麼也不做，只是坐在那裏沉思，思考人生，思考大腦中存儲的一切。如果你願意，你也可以什麼也不想，只是一個人靜靜地待上一會兒，讓大腦暫時處於休眠狀態。

寂寞，是知心朋友。在你心煩時，不會打擾你，也不會對你有所求。熱鬧需要外求，而寂寞是隨時與你同在，在你需要時，它便輕輕地來到你身邊，靜靜地聽你傾訴心聲。它能爲你保守秘密，雖然它無言無語，卻能讓你更好地認清自己。它不會對你指手畫腳，卻能讓你以更加自信的步伐邁出人生的下一步。因此，當自己對工作、生活感到倦怠時，不妨找個空間獨處，這應該不是一件難辦的事情！

獨處時，可以讓人充分感受寧靜祥和，忘卻爭鬥與煩惱，如同走出喧鬧的都市進入萬籟俱寂的曠野一般，讓人心曠神怡。此時，獨坐一室，於清茶中品味人生，則生命的目的因此明晰；在書中品味生活，則生活更加多姿多彩。

曾國藩向一個修行極高的出家人請教養生之道。出家人磨墨運筆，龍飛鳳舞地寫了一張處方遞給他。

曾國藩接過處方問道：

「現在正是盛夏之時，天氣炎熱，弟子往日總感到屋內沸騰，如坐蒸籠，為何今日在大師這裏似乎有涼風吹面一樣，一點也不覺得熱呢？」

出家人朗聲說道：

「乃靜耳。老子云：『清淨物之正。』水靜則明燭鬚眉，平中準，大匠取法焉。水落石出靜猶明，而況精神？聖人之心靜乎，天地之鑒也，萬物之鏡也。

夫虛靜恬淡、寂寞無為者，天地之平而道德之至也。世間凡夫俗子，為名、為利、為妻室、為子孫，心如何能靜？外感熱浪，內遭心煩，故燥熱難耐。大人或許還要憂國憂民，畏讒懼譏，或許心有不解之結，肩有為卸之任，也不能心平氣靜下來，故有如坐蒸籠之感。切脈時，我以己心靜感染了你，所以就不再覺得熱了。」

人在充滿焦慮的時候，靈魂和內心更需要獨處時的寧靜。這片寧靜可能在高山上，也可能在大海邊，更可能藏在一所鄉村小屋中，只要敢獨處，用心去體味，就能體會到它的妙用。不要害怕寂寞，它能夠使你暫時放下心中的惦念，獲得片刻悠閒，很多時候，享受寂寞就是在享受生活。

【第十四章】

沒有過不去的事，只有放不下的心

逆境順境看襟度。臨喜臨怒看涵養。

眼底有塵三界窄，心頭無事一床寬，若無閒事掛心頭，即是如實美景現。

愚人除境不忘心，智者忘心不除境，不知心境本如是，觸目遇緣無障礙。

1 處逆境，了悟自心

逆境順境看襟度。臨喜臨怒看涵養。
——弘一法師

其實生活中都是順境的有幾人？大多數的人，都會經歷或多或少的逆境。那麼我們何妨把這些逆境看作是人生的一份厚禮，它是上天用來磨練我們的心智，不經坎坷者不會真正成熟，不經歷風霜的花朵也難以看到冰雪季節的美麗。重要的是，我們以何種態度和方式來面對逆境。

一個女兒對她父親抱怨，說她的生命是如何痛苦、無助，她是多麼想要健康地走下去，但是她已失去方向，整個人惶惶然，只想放棄。她已厭煩了抗拒、掙扎，但是問題似乎一個接一個，讓她毫無招架之力。

當廚師的父親，二話不說，拉起女兒的手，走向廚房。他燒了三鍋水。當水滾了之後，他在第一個鍋子裏放進蘿蔔，在第二個鍋子裏放了一個蛋，在第三個鍋子裏則放進了咖啡。

女兒望著父親，不知所以，父親只是溫柔地握著她的手，示意她不要說話，靜靜地看著滾燙的水。

一段時間過後，父親把鍋裏的蘿蔔、蛋撈起來各放進碗中，把咖啡濾過倒進杯子，問：「寶貝，你看到了什麼？」

女兒說：「蘿蔔、蛋和咖啡。」

父親把女兒拉近，要女兒摸摸經過沸水燒煮的蘿蔔，蘿蔔已被煮得軟爛；他要女兒拿起碗裏的蛋，敲碎薄硬的蛋殼，讓她細心觀察這個水煮蛋；然後，他要女兒嘗嘗咖啡，女兒笑起來，喝著咖啡，聞到濃濃的香味。

女兒問：「爸，這是什麼意思？」

父親解釋說，這三樣東西面對相同的逆境，也就是滾燙的水，結果卻各不相同：原本粗硬、堅實的蘿蔔，在開水中卻變軟了；這個蛋原本非常脆弱，它脆弱的外殼經過滾水沸騰後，蛋殼內卻變硬了；而咖啡粉在滾燙的熱水中，竟然改變了水。

「你呢？我的女兒，面對沸水，你願意當什麼呢？」

父親慈愛地摸著女兒的頭：

「當逆境來到你的門前，你作何反應呢？你是看似堅強的蘿蔔，但在痛苦與逆境到來時卻變得軟弱，失去力量嗎？或者你原本是一顆蛋，有著柔順易變的心？你是否原本是一個有彈性、有潛力的靈魂，但是卻在經歷死亡、分離、困境之後，變得僵硬頑固？也許你的外表看來堅硬如舊，但是你的心和靈魂是不是變得又苦又倔又固執？或者，你就像咖啡，咖啡將那帶來痛苦的沸水改變了，當它的溫度高升到一百多度時，水變成了美味的咖啡，當水沸騰到最高點時，它就愈加美味。」

弘一法師說：「其實在人的內心深處，都藏著一個最真實的自己。它最單純，同時也最強大，一切風浪都無法觸動。在逆境，只要我們能夠了悟自心，明白這心原本是一切世間法，是出世間法的根本，而改變逆境的奧秘，就在於把它看成通向真我的旅程，你失去的都是身上的灰塵，得到的是那塵封已久的璀璨奪目的心。」

有人說，萬事順意的環境是不利於成長的，過太舒服的生活會消磨人的意志，讓人的修養和學識停止不前。是的，只有忍受苦難，經受必要的錘煉，才能讓一個人走向成熟，擁有大智慧。

孟嘗君曾被齊王驅逐出境，後來孟嘗君重新得了勢，在他返回齊國的路上，在邊境遇到一個叫譚拾子的齊國人。

譚拾子問他：「你恨不恨那些在你得勢時百般逢迎，而在你失勢的時候卻四散離去的人？」

孟嘗君心想：是啊，那些人真是令人討厭。於是就點點頭。

譚拾子說：「這個世上的人本來就是這樣，看見誰貧賤就遠遠地避開他，看見誰富貴就向他靠近。就像市集一樣，早晨的時候總是熙熙攘攘，到處都擠滿了人，到了晚上就空空蕩蕩，一個人也沒有。這不是人們愛早恨晚，而是根據需要來的，因此希望你不要恨那些人！」

孟嘗君想了想覺得很有道理，便取出之前刻的一個木簡，木簡上面寫著自己痛恨的人的名字，他用刀把名字全部削掉了。孟嘗君寬容了那些趨利避害的勢利之徒，也為自己樹立了聲望，鞏固了地位。

「一沙一世界」。人在真正成熟之前會經歷許多創傷，我們唯一可以做的就是坦然面對這些創傷，因爲每經歷一種創傷，我們就離成熟更近一步。

2 從容淡定，萬事隨緣

眼底有塵三界窄，心頭無事一床寬，若無閒事掛心頭，即是如實美景現。

——弘一法師

弘一法師認爲：生活不會永遠一帆風順，正因爲如此，我們的生活才有滋有味、絢麗多彩。在跌宕起伏中保持一顆平常心很重要，不以物喜，不以己悲，寵辱不驚，去留無意，在平淡中給自己一份力量，在喧鬧中給自己一片寧靜。

三伏天，某禪院的草地枯黃了一大片。

「快撒些草籽吧，」徒弟問說：「別等天涼了。」

師父揮揮手說：「隨時。」

中秋，師父買了一大包草籽，叫徒弟去播種，秋風疾起，草籽飄舞。

「草籽被吹散了。」小和尚喊。

「沒關係。」師父說道。「吹去者多半中空，落下來也不會發芽。」

徒弟又嚷。

師父說：「隨性。」

撒完草籽，幾隻小鳥即來啄食，小和尚又急了。師父翻著經書說：「沒關係，隨遇。」

半個多月過去了，光禿禿的禪院長出青苗，一些未播種的院角也泛出綠意，徒弟高興得直拍手。師父站在禪房前，點點頭：

「隨喜。」

從小和尚和師父對外界變化的不同反應我們可以看出，徒弟的心態是浮躁的，而師父的平常心卻是成熟而理性的。

「師父」的理性與平常心，尤其值得那些患得患失、在狂喜與頹廢之間擺盪的人思考。從預備撒草種到長出綠苗，「徒弟」的情緒大起大落，師父卻始終平和地面對。這種心態差別，源於兩個人的閱歷與素質不同。

生命是一種緣，是一種必然與偶然互爲表裏的機緣。有時候命運偏偏喜歡與人作對，你越是挖空心思去追逐一種東西，它越是想方設法不讓你如願以償。這時候，癡愚的人往往不能自拔，好像腦子裏纏了一團毛線，越想越亂，最終陷在了自己挖的陷阱裏；而明智的人會順其自然，不去強求不屬於自己的東西。

據說迪士尼樂園剛建成時，迪士尼先生為園中道路的規畫大傷腦筋，所有徵集來的設計方案都不盡如意。

他無計可施，一氣之下，命人把空地都植上草坪後就開始營業了。幾個星期過後，迪士尼出國考察回來，看到園中蜿蜒曲折的小徑和所有遊樂景點結合在一起時，不覺大喜過望。他忙叫來負責此項工作的人，詢問這個設計方案是出自哪位建築大師的手筆。

負責人聽後哈哈笑道：「哪來的大師呀，這些小徑都是被遊人踩出來的！」

生命中的許多東西正如那些被無意中踩出來的小路一樣，是無法強求的。那些刻意強求的東西，往往我們終生都得不到，而我們不曾期待的燦爛則會在淡泊從容中不期而至。

有一天，佛陀從樹林裏回來時，手中捧著一些落葉。

佛陀走到比丘們面前，笑著問道：「你們認為我手上的樹葉和森林裏的樹葉相比，哪個比較多呢？」

「當然是樹林裏的多，樹林裏的樹葉有千百萬片，您手上拿的樹葉只有十幾片而已。」比丘們給出了非常一致的答案。

「你們說的沒有錯，」佛陀說道：「這就像我的腦海裏雖然有許多想法，但沒有全部說給你們聽，因為你們需要的是能夠被你們接受並轉化為你們自己思想的東西。假如我告訴你們太多的觀念，你們反而會被困住，而沒有機會得到自己的智慧。」

佛家講究萬事隨緣，隨緣就是沒有任何勉強，有所努力與堅持，卻不患得患失。事成了，沒有過激的興奮與成事後的傲慢，而只是淡淡的欣慰；事不成，也沒有難堪的懊惱追悔，而只是坦然的接受。

佛教教人向善，在佛家看來，人生之苦來自於執著。由於懷著非要達到某一目的才甘休的執念，所以不管遇上什麼境遇都不能做到隨遇而安，痛苦也就由此產生了。

所以，我們應該「去妄念」，放棄那些對善惡美醜、尊卑榮辱的「執念」，用一顆自由的心去親近自然，感受世界，做一個自然人，享受本真的快樂。不管在生活中遇到順境還是逆境，我們都應當保持隨時、隨性、隨遇、隨緣、隨喜的心態，順其自然，以一顆從容淡定的心來面對人生。

3 要有追求的勇氣，也要有「放手」的睿智

愚人除境不忘心，智者忘心不除境。
不知心境本如是，觸目遇緣無障礙。
——弘一法師

我們常說，「命裏有時終須有，命裏無時莫強求」，但事到臨頭，我們不是倒向「莫強求」的消極念頭，就是倒向「不鬆手」的執著頑固。

從前，在一片茫茫的沙漠中有一個小村子，村中的人們守著一片綠洲過了幾千年。

偶爾，當沙漠中風沙四起，或者綠洲乾涸時，村裏的人便會遭受巨大的折磨。一代又一代的人總是抱怨著上天的不公平，卻從未嘗試從這裏走出去。他們一直留在原地，並且固執地相信這片沙漠是走不出去的。

有一天，村子裏來了一位雲遊四方的老禪師，人們圍住他，勸他不要再繼續

往前走，他們說：「這片沙漠是走不出去的，我們祖祖輩輩都在這裏，你就不要再去冒險了！」

老禪師問：「你們在這裏生活得幸福嗎？」

村民們說：「雖然環境有些險惡，但是也沒有什麼不可忍受的。沒有幸福，也沒有不幸福。」

老禪師又問：「那麼你們有沒有嘗試走出這片沙漠呢？你們看，我不是走進來了嗎？那就一定能走出去！」

村民們反問：「為什麼要走出去呢？」

老禪師搖搖頭，拄著拐杖又上路了。

他白天休息，晚上看著北斗星趕路。三天三夜之後，他走出了村民們幾千年也沒有走出的沙漠。

村民們接受了命運的安排，默默地承受著惡劣環境的折磨，甚至沒有動過改變這種現實的念頭，幾千年來日復一日地過著相同的日子。「哀其不幸，怒其不爭」，老禪師之所以搖頭正是爲此。

弘一大師說：「世界上，根本沒有過不去的事，只有過不去的心。」

有時候，過不去的心表現爲不去努力爭取本來可以做到的事，而是隨波逐流，空耗餘生。就像上面的故事說的一樣。還有時候，過不去的心表現爲不願意放棄我們曾經擁有的東西，比如財富、愛情……

所以當你碰到突如其來的災難時，如果已成事實那就坦然、從容地接受它，接受現實，並不等於束手接受所有的不幸。只要有任何可以挽救的機會，我們就應該奮鬥。但是，當我們發現情勢已不能挽回時，我們最好就不要再思前想後，拒絕面對，要接受不可避免的事實，只有如此，才能在人生的道路上掌握好平衡。

4 消除傲慢心

必有容，德乃大；必有忍，事乃濟。

——弘一法師

從前，有姓黑和姓白的兩個和尚，他們原本在一處修行，但是為了作進一步地修煉，就分開各自去尋訪名師，拜師學藝。在出發的時候，他們約定在十年後的今天回到分手的地方，不見不散。

十年後，兩人依約在當初分開的地方見了面。

白和尚就問黑和尚說：「黑老大！你老兄練就了什麼絕活？你的功夫一定很精進吧！」

「那當然！我拜的師父是達摩禪師的傳人，他教會了我蘆葦渡江的無上功夫。」黑和尚自豪地說，「一會兒就讓你開開眼界！」

黑和尚說完後就帶著白和尚來到江邊的渡口，在岸邊摘下一根蘆葦草丟入江中，然後乘著蘆葦草渡江而過，而白和尚就跟著眾人乘船過江。

當兩個人都到達河對岸後，黑和尚得意地對白和尚說：「怎麼樣？厲害吧？你老弟練了什麼無上的功夫？也露一手讓我瞧一瞧！」

白和尚不好意思地低聲說道：「我好像沒有練就什麼本事，我的師父只是教我專心一意地當和尚，讓我每天認真地吃飯、睡覺，敲鐘念經也要很專一，所有的事情都要努力認真去做，然後一切隨緣而行！我師父告訴我說，這就是無上的心法和智慧，我也不知道到底對不對！」

黑和尚聽後哈哈大笑，不客氣地大聲說道：「這算是什麼功夫？看來你這十年都白學了。」

白和尚露出不置可否的表情，過了一會兒，他正經八百地說：「黑大哥，那你還練了其他的功夫嗎？」

黑和尚不屑地瞄了白和尚一眼，回答說：「難道我用十年的時間練就達摩神功的蘆葦渡江術還不算厲害嗎？」

白和尚搔了一搔頭，小聲回答：「你是很厲害！可是，只要付給船夫三文錢就可以渡江了，你為什麼要花十年的時間去練它呢？難道你十年的時間就只值三文錢嗎？」

黑和尚一下子愣住了，不知該如何回答。

「可要是沒有船呢？」

不知何時來的黑和尚的師父突然朗聲說道。

白和尚也被問住了，久久答不出話來。

這個故事告訴我們一個道理：有成績不能驕傲，做人也不能驕傲。驕傲對所有的人都是公平的，它讓所有人都分享到它的「恩澤」，只是每個人用不同的表現方式和手段來表現它罷了。我們常常批評別人太過驕傲，但是卻看不到自己同樣的品性，如果你自己沒有驕傲之心，就不會覺得別人的驕傲是種冒犯。

曾經有一個學者，學富五車，精通各種知識，所以自認為無人可以和自己相比，很是驕傲。

他聽說有個禪師才學淵博，非常厲害，很多人在他面前都稱讚那個禪師，學者很不服氣，打算找禪師一比高下。學者來到禪師所在的寺院，要求面見禪師，並對禪師說：「我是來求教的。」

禪師打量了學者片刻，將他請進自己的禪堂，然後親自為學者倒茶。

學者眼看著茶杯已經滿了，但禪師還在不停地倒水，水滿出來，流得到處都是。

「禪師，茶杯已經滿了。」

「是啊，是滿了。」禪師放下茶壺說，「就是因為它滿了，所以才什麼都倒不進去。你的心就是這樣，它已經被驕傲、自滿占滿了，你向我求教怎麼能聽得進去呢？」

弘一法師告誡學佛的人們說：「你說，『我智慧很高』，自恃聰明，那你就是第一等笨人。怎麼樣才是第一等智慧呢？言語道斷，心行處滅，到這個境界無思無慮，是第一波羅密。以這個方法來求佛，學佛，成佛，就對了。」

5 對自己要有責任心

每一個生命都有責任，我們的過咎，不在於所為之惡，而在於未行之善。盡力做好一件事，實乃人生之首務。

——弘一法師

雨季的一天，下著瓢潑大雨，一個男人在屋簷下躲雨，看見一位禪師打著雨傘走過來，大聲喊道：「禪師，渡我一程如何？」

禪師看了一眼求助的男人，說道：「我在雨裏，你躲在屋簷下，何必要我渡你呢？」

男人聽了，立刻衝到雨中：「現在我也在雨中了，應該可以渡我了吧？」

禪師說：「我在雨中，你也在雨中。我沒有淋雨是因為我撐了雨傘，你挨雨淋了是因為你沒有帶傘。準確地說，不是我度你，而是我的傘渡我。如果要渡，不必找我，請你去找自己的傘。」

這個人渾身都濕透了，生氣地說：「不願意就直說，何必繞這麼大的圈子。

我看你不是『普渡眾生』而是『專渡自己』！」

禪師聽了沒有生氣，心平氣和地說：「想要不淋雨，就要自己找一把傘。這些天來天天在下雨，下雨天出門不帶傘，只想著別人肯定會帶傘，理所當然會有帶傘的人來為你遮擋風雨。別人的傘不大，自己也要靠這把傘來遮擋，你憑什麼要拿傘的人來照顧你呢？」

最後，禪師還說：「你自己不帶好遮擋風雨的東西，只想著靠別人來渡自己，這種想法最害人，到頭來必定會遭報應的。」

記住禪師的告誡，做人要承擔起對自己的那份責任，照顧好自己，不要指望別人爲你遮風擋雨。

人生就是陽光燦爛與風雨交加輪換交織的過程，每個人都難以避開自己不喜歡的風風雨雨，這是必須正視的命運。

要避免在旅途中受到狂風暴雨的摧殘，就要撐起自己遮風擋雨的雨傘。如果像這個雨季出門不打傘的人那樣，把希望寄託在別人身上，結局也只能是和他一樣。因爲，其他人和這個禪師一樣，靠自己的傘給自己遮擋風雨，沒有更多的力量爲你遮擋風雨。

找到自己喜歡的好工作，在競爭中不被淘汰出局，好機會出現的時候抓住它，照顧好自己的身體，解決遇到的困難，挺過寒冬……這些都是你對自己的責任，事關你的明天，甚至一生，要靠你自己，不能指望別人爲你解決這些問題。

人一定要靠自己，因爲沒有人爲你承擔照顧你的責任。即使有人能夠幫你一些，也不可能代替你自己，最重要的那塊還得你自己扛。你不能指望無權無勢的父母幫你搞定一份好工作，你不能指望做生意發了財的同學把自己的房子送給你，你不能指望病了的時候有人爲你承擔病痛，你不能指望被辭退的時候有人爲你找老闆說情……

人能夠在風雨交加的日子裏照顧好自己就已經很不容易了，他們又能幫你多少呢？你是自己人生成敗的第一責任人。你的一生要靠你自己，不要把希望寄託在別人身上，不要指望別人爲你遮擋生活中不可避免的風風雨雨，不要成爲親朋好友的負擔，更不要成爲令人頭疼的「痲煩製造者」，即使這個世界上有「免費餐」，也不可以隨意吃。

如果想在這個世界上生存下去，生活得更好，就應該靠自己的認真努力去爭取。讓自己獨立，依靠自己是唯一穩妥的生活方式。

美國的富商、石油鉅子大衛・洛克菲勒的成長經歷就是很好的例子。

大衛是石油大王約翰・洛克菲勒的兒子，他出生的時候，家裏已經有億萬的財產，可他們兄弟每週只能得到三角錢的零用錢。同時，按父親的要求，每人還必須準備一個小帳本，將三角錢的使用去向記錄在上面。經過檢查，如果使用合理，還能得到獎勵。

他的父親讓他從小就懂得了金錢的價值，零用錢是有限的，如果想獲得更多的錢，怎麼辦？方法只有一個：自己去賺取。

大衛小的時候，從家庭雜務中賺錢，例如，捉走廊上的蒼蠅一百隻，得一角錢；抓閣樓上的老鼠，每隻可得到五分錢。有一招更絕，他設法取得了為全家擦皮鞋的特許權，然而，他必須在清晨六點起床，以便在全家人起床之前完成工作，擦一雙皮鞋五分錢，一雙長統靴一角錢。

大衛有一位大學同學，是花錢大手大腳的富家子弟，甚至可以在開口索要之前就得到想要的任何東西。可是大衛說：

「他是我認識的最不幸的人，因為他換了無數次工作，永遠也不會發揮自己的能力。」

正是這種「想要用錢自己賺」的想法，激勵著大衛後來取得了輝煌的成就，將父親的財富延續下去。

自立，雖然暫時迫使你拋掉了眼前的錦衣玉食，甚至要吃不少苦頭，但它卻是你今後獲得幸福生活的資本；而依賴和懶惰，儘管給現在的你提供了安逸的生活，卻是你精神上的毒瘤，讓你的人生腐朽，墮落潦倒。不管你的家底多麼豐厚，也不應該待在家裏當啃老族，要多尋找機會鍛煉自己、獨立自強。不要等到老了，時光與青春都失去了才後悔莫及。

6 遠離顛倒夢想

毀譽不驚，得失從容，隨緣感恩，寡欲清心。
——弘一法師

一天，有源禪師去拜訪大珠慧海禪師，請教修道用功的方法。
他問慧海禪師：「您也用功修道嗎？」
禪師回答：「用功！」
有源又問：「怎樣用功呢？」
禪師回答：「餓了就吃飯，睏了就睡覺。」
有源不解地問：「如果這樣就是用功，那豈不是大家都和禪師一樣用功了？」
禪師說：「當然不一樣了！」
有源又問：「怎麼不一樣。不都是吃飯，睡覺嗎？」
禪師說：「一般人吃飯時不好好吃飯，有種種思量；睡覺時不好好睡覺，有千般妄想。我和他們當然不一樣。」

的確，我們經常是思前想後、輾轉難眠，醒時害怕失眠，眠時害怕噩夢纏身，總是心神不寧，寢食難安，每日愁眉苦臉，惶惶不可終日。

正如慧海禪師所說，用功之道在於「饑來吃飯，睏來即眠」，只是我們常常「吃飯時不肯吃飯，百種思索；睡覺時不肯睡覺，千般計較」。

現代人背負著各種壓力，不是憂慮就是煩惱，已經很難品味到靜的清芬與愉悅，整日浮躁不堪，不僅影響我們平靜的思考，而且也失去了生活的樂趣。不如放開胸懷，靜下心來，享受生活的原味。畢竟唯有寧靜的心靈，才不眼熱權勢顯赫，不奢望金銀成堆，不祈求聲名鵲起，不羨慕美宅華第……所有的這些只能加重生命的負荷，加速心靈的浮躁，而與豁達康樂無緣。

有一個小和尚，因為師兄師弟們老是說他的閒話，他為此感到非常苦惱。各種各樣的閒話讓他感覺很不自在。念經的時候，他的心還是在那些閒話上，而不是在所念的經文上。

一天，他實在無法忍受了，就跑去找師父告狀：「師父，師兄弟們老說我的閒話。」

「是你自己老說閒話。」師父雙目微閉，緩緩說道。

「他們多管閒事。」小和尚不服地辯解。

「不是他們多管閒事，是你自己多管閒事。」師父仍然沒有睜開眼睛，平靜地說道。

小和尚又說：「他們瞎操閒心。」

師父說：「不是他們瞎操閒心，是你自己瞎操閒心。」

「我管的都是自己的事啊！師父為什麼這麼說我呢？」

「操閒心、管閒事、說閒話，那是別人的事，別人說別人的，與你何干？你不好好念經，老想著別人操閒心，難道不是你自己在操閒心嗎？老說別人管閒事，難道不是你自己在管閒事嗎？老說別人說閒話，難道不也是你自己在說閒話嗎……」

師父話音未落，小和尚已經茅塞頓開。

我們阻擋不了別人說閒言碎語，但是我們可以對這些閒話採取豁達和漠視的態度，這樣，我們的生活才會輕鬆自如。修行人對與自己不相干的事不要去聽，也不要打聽，更不必知道。古人說：「知事少時煩惱少，識人多時是非多。」凡是對於清淨心有妨礙者，都要遠離。反之，心就迷了。

人只要心中無事思想就不複雜。一旦我們達到了這種境界，就能在任何場合下，保持最佳的心理狀態，充分發揮自己的水準，施展自己的才華，從而實現完美的『自我』」

【第十五章】

放下生死，把握生命的實質

所謂真正的活著是指

知道自己無法躲開生命中的悲歡離合，尤其是悲和離。

它們是生命的實相，也是最真實的我們。

心胸就像是降落傘，只有張開時才有用。

富貴功名，皆人世浮榮；唯胸襟浩大，是真正受用。

1 生命的實質

我們最深的恐懼不是害怕死亡，而是害怕活出真實的自己，沒有任何防衛地活出自己。

生命充滿著喜怒哀樂，所謂真正的活著是指你知道自己無法躲開生命中的悲歡離合，尤其是悲和離。它們是生命的實相，也是最真實的我們。

——弘一法師

人的生命很短暫，只在一呼一吸之間。所以，我們不應懈怠懶散，而應好好把握人生的分分秒秒，勤奮進取、努力拚搏，當然，也要懂得享受生命帶給我們的歡樂。

一天，佛陀問弟子：「弟子們！你們每天都忙忙碌碌托缽化緣，究竟是為了什麼呢？」

弟子們恭聲答道：「佛陀！我們是為了滋養身體，以便保養身體，求得生命的清淨解脫啊！」

佛陀用清澈的目光環視弟子，沉靜地問：「那麼，你們說說肉體的生命究竟有多長？」

「佛陀！有情眾生的生命平均是幾十年。」一個弟子充滿自信地回答。

佛陀搖搖頭：「你並不瞭解生命的真相。」

另一個弟子見狀，肅穆地說：「人類的生命就像花草、春天萌芽發枝，燦爛似錦；冬天就枯萎凋零，化為塵土。」

佛陀露出了讚許的微笑：「嗯，你能體察到生命的短暫迅速，但對佛法的瞭解，仍限於表面。」

他又聽到一個無限悲愴的聲音說：「佛陀！我覺得生命就像蜉蝣一樣，早晨才出生，晚上就死亡了，充其量只是不過是一晝夜！」

「喔！你對生命朝生暮死的現象能夠觀察入微，對佛法已有了表面的認識，但還不夠深刻。」

在佛陀的不斷否定、啟發下，弟子們的靈性被激發起來。

又來了一個弟子說：「佛陀！其實我們的生命和朝露沒什麼兩樣，看起來很美麗，可陽光一照，一眨眼的工夫，它就乾涸消逝了。」

佛陀含笑不語，弟子們更加熱烈地討論起生命的長度。

這時，一個弟子站起身，說：「佛陀！依弟子看，人的生命只在一呼一吸之間。」

他此語一出，四座愕然。大家都聚精會神地看著佛陀，期待他的開示。

佛陀讚許地說道：「說得好！人生的長度，就是一呼一吸。只有這樣認識生命，才能真正體驗到生命的精髓。弟子們，你們不要懈怠，以為生命很長，像露水有一瞬、像蜉蝣有一晝夜、像凡人有幾十年。其實，生命只在一呼一吸之間，一分一秒都值得珍惜。」

還有一個故事：

禪院裏的花被曬焦了，小和尚提著桶要澆水。

老和尚說：「現在太陽太大，一冷一熱，非死不可，等晚一點再澆。」

傍晚，那盆花已經曬成了乾菜的樣子。小和尚咕噥說：「肯定已經死透了，怎麼澆也活不了。」

「澆！」老和尚說。

水澆下去後不久，已經垂下去的花，居然全站了起來，而且生機盎然。

「天哪！」小和尚喊，「它們可真厲害，憋在那兒，撐著不死。」

老和尚道：「不是撐著不死，是活得好好的。」

「這有什麼不同呢？」小和尚低著頭。

「當然不同，」老和尚拍拍小和尚，「我問你，我今年八十多了，我是撐著不死，還是好好活著？一天到晚怕死的人，是撐著不死；每天都向前看的人，是好好活著。得一天壽命，就要好好過一天。那些活著的時候渾渾噩噩，天天拜佛燒香，希望死後能成佛的，絕對成不了佛。」

希望成功，追求幸福，是人生的理想。人生如白駒過隙一樣短暫，生命在擁有和失去之間，不經意地流淌著。但人生在世比成功和幸福更重要的是做人，要對自己的人生負責。生命對於每個人都只有一次，自己的人生責任沒有人可以替而代之。

一個人如果將這唯一的一次人生虛度了，絕無機會重新選擇一次。「撐著不死」和「好好活著」是有著本質的區別。

2 完全接納當下時刻

當我們將「死」牢記於指尖時，就不會太在意也不會太強求瞬間欲望的滿足。

——弘一法師

有一位登山者一直想要登上世界某高峰。經過多年的準備後，他獨自開始了攀登。夜幕降臨，月亮和星星被雲層遮住了，登山者什麼都看不見。就在離山頂只剩幾米的地方，他滑倒了，快速地往下墜。危急時刻，繫在腰間的繩子拉住了他，他整個人被吊在半空中。

在這種上不著天，下不著地，求助無門的境況中，登山者一點兒辦法也沒有，只好大聲呼叫：「上帝啊！救救我！」

出人意料的是，天上有個低沉的聲音響起：「你要我做什麼？」

「上帝，救救我！」

「你真的相信我可以救你嗎？」

「我當然相信！」

「把繫在腰間的繩子割斷！」

在短暫的考慮之後，登山者決定繼續全力抓住那根救命的繩子。

第二天，搜救隊發現了一具凍僵的登山者遺體。他掛在一根繩子上，手緊緊地抓住那根繩子，而在他的下方，地面離他僅僅三米……

如果你要求事情要在特定的時間以特定的方式呈現，而對最糟的結果有抗拒和恐懼的話，你就是沒有真正地「放下」。唯有誠心地接受所有的發生，才能放下恐懼，而恐懼是唯一阻礙你達到目標的障礙。

讓我們無法放下恐懼的是我們對恐懼的抗拒和否認。所以找到你的恐懼，把它視爲你的盟友而不是敵人，感謝它提醒你前面道路的危險，帶著它一起上路，讓它成爲你的助力而不是阻力。

我們的每一個思想，好的、壞的，每一個情緒，正向的、負向的，就和你的呼吸和心跳一樣，都是生命的奇蹟。就像大海接納它每一朵浪花一樣，生命也接納我們在每一刻的展現。我們就是一朵最獨特的浪花，以本來的面目去展現自己。

3 怕死比死更可怕

智者警覺死亡的威脅，愚者卻不敢面對而談它。死亡並沒有訊號。學生之道易，學死之道難。君曾思惟否？若明日死神降臨，你當如何？

——弘一法師

弘一法師開示我們說：「涅槃翻譯成寂滅，雖然包含了清福的道理，但是在表面上看來，一般人不大容易接受。實際上涅槃是個境界，就是涅槃經裏提出來的『常樂我淨』的境界。也就是說，你找到了這個地方，永遠不生不滅，就是心經上說的『不生不滅，不垢不淨』，常樂，永遠如此，是一個極樂的世界。那才是『我』，我們生命中真正的『我』，不是我們這個幾十年的肉體，卵生、胎生、濕生、化生，會變去的我，那個真我才算淨土，也就是涅槃的境界。」

有人問老禪師說：「假如你在走路的時候，突然掉進一個水坑，出來後渾身都是泥水，你還會感到快樂麼？」

「當然，幸虧掉下去的是一個水坑，而不是深淵。難道這不值得高興嗎？」老禪師答道。

又有人問：「如果你一個親人也沒有，你還會快樂麼？」

老禪師答道：「當然，幸虧我沒有的是親人，而不是我自己，這也是一件值得慶幸的事啊！」

一個年輕人問道：「假如你被人搶走了身上的財物，你還會高興麼？」

老禪師說：「當然，我會高興地想，幸虧我沒有被他們打一頓，只是被搶了一些錢而已，沒什麼大不了的。」

一個婦人問道：「假如你去讓大夫給你拔牙的時候，大夫留下了病牙而錯拔了你的好牙，你還會高興麼？」

老禪師回答說：「幸虧他錯拔的只是一顆牙，而不是我所有的牙齒，這也是值得高興的事。」

有一個老者問道：「那假如你馬上就要失去生命呢？」

老禪師越說越高興：「我還是會高興地想，我終於走完了人生之路，隨後我就可以去參加另一個令人高興的宴會了呀。」

弘一法師說：「怕死比死更可怕。死亡最大的恐懼不是死亡的刹那，而是漫長的瀕臨過程和只能等待的無助。生命唯有在死亡面前，才真正地開始。先得學會如何活著，才知道如何面對死亡；先得學會如何坦然赴死，才知道如何好好活著。只有征服對死亡的恐懼，你才真正擁有生命。死神最公平，不論什麼人，他都一視同仁去拜訪。他敲窮人的茅舍，也敲王子的大門。人一降生下來，我們就開始死了，因為生命的末端就是死的開始。」

倘若不以身體作為死亡的依據，人的一生當中，總是要面臨無數次死亡與重生的體驗——大多數的人，終其一生，費盡心思追尋的是：得不到的財富、過眼雲煙的名利，卻很少人能夠停下來想一想，如何正視終須面對的死亡。生死其實是同一件事的兩面，生時不能無憂，臨死必將慌亂。

人生是一連串的未知、不確定，唯一可以確定的就是「死亡」，卻也是人們最難以接受的事實。悲慟、號啕與怨天尤人都於事無補，唯有坦然接受，好好準備。

許多人終其一生，只顧著爭名奪利，但卻忘了他將來會死。人的生命只在於呼吸之間。世界上的東西沒有一樣是屬於自己的，一切都只是暫時借給我們使用罷了。每一個瞬間，自然界都在開始它漫長的旅程，每一個瞬間，它又都在到達自己的終點。死亡只不過是身體的習性和一種改變罷了。所有人類的事物都註定退化與衰弱，當命運召喚時，君王也必須服從。死亡不是人生最大的悲劇，沒有好好地活，才是人間最悲慘的事。

讓我們竭盡心力地生活，並且善用每一天、每一秒鐘，謹慎地去做每一項抉擇。

4 做人到底是為什麼

心胸就像是降落傘，只有張開時才有用。
富貴功名，皆人世浮榮；唯胸襟浩大，是真正受用。
——弘一法師

每個人都曾經有過「做人到底是爲什麼」的感慨，「君子役物，小人役於物。」不管你喜不喜歡，你都要在人世間奔波一生。你的人生旅途可能很長，也可能很短；你可能擁有很大的舞臺成爲明星，也可能被困在一個犄角旮旯裏面辛苦一輩子；你的一生可能很燦爛，也可能很灰暗；你可能活得很滋潤很開心，也可能活得很艱難很痛苦……但是，不管怎樣，人都要弄清楚活著爲什麼。

無可奈何、怨天尤人的「認命」，是一種「認命」。不過，這是聽天由命，是低水準的「認命」，是放棄自己的「認命」。

高水準的「認命」恰恰相反，以積極的心態去面對現實，熱情地擁抱自己的人生，承擔做一個人的責任，做一個超越自己的人，改變自己的命運。

兩個旅遊團一前一後來到海濱風景區。因為剛經過颱風和暴雨的洗禮，路面受到嚴重的破壞，到處坑坑窪窪，還有不少軟軟的凹洞，一不小心就會踩到。為防止遊客摔倒或弄髒了鞋子，兩個導遊都很認真地提醒著遊客。

導遊A對遊客說：「這裏的路面很糟糕，到處都是坑，大家小心，不要摔倒了，不要踩到洞裏。」

遊客們聽了之後自然很小心，眼睛緊盯腳下，小心翼翼地走。

有遊客不慎踩到洞裏，或是摔倒，更是引發一串罵聲。一路上，遊客的抱怨之聲不絕於耳，旅遊觀光的好心情煙消雲散。

導遊B面帶微笑，幽默地對遊客說：「大家注意了，我們現在走的是酒窩大道，只有經過狂風暴雨的洗禮後才有。這次大家來得正巧，可以盡情體會。不過，路上的一些酒窩很喜歡遊客，會用力把你拉到它的懷裏，有的還很隱蔽，大家要小心一點，否則就不能和我們一起走了。」

遊客們聽了導遊B的這一番話都笑了，放慢了腳步，把眼光瞄向腳下的坑坑窪窪的路面。一路上，遊客們雖然走得很慢，臉上的笑容卻沒有減少，沒有什麼人抱怨天氣，陪伴著他們一路前行的，是一連串的歡聲笑語。

境由心生！生活就像鏡子，你對著這面鏡子燦爛地笑，你得到的就是一個燦爛的世界；

你對著這面鏡子哭，你得到的就是一個灰暗的世界。

人生的最高境界其實就是兩個字：幸福。幸福到底是什麼？許多人都在問，其實得到幸福的方法很簡單，那就是聽一聽自己內心的聲音，扔掉那些所謂的對自己來說十分奢侈的夢想和追求。那麼，你就被幸福包圍了，也就無懼於生死了。

人生本是這樣，如果沒有苦難，幸福也許就沒有了意義。也許只有體驗了艱辛和苦難，才對幸福有更深刻的理解。

5 好身體「難敵」壞心態

以佛法來講，一切人生理上的病，多半是由心理而來，所謂心不正，心不淨，人身就多病。

——弘一法師

「一方一淨土，一笑一塵緣。一念一清淨，心是蓮花開。」如此梵音，定來自一片寧靜之心，也體現了佛家聖人看待外物的心境。

弘一法師也說過：「以佛法來講，一切人生理上的病，多半是由心理而來，所謂心不正，心不淨，人身就多病。什麼叫淨心呢？平常無妄想、無雜念，絕對清淨，才是淨心。有妄想，有雜念、有煩惱，是因喜怒哀樂、人我是非而來的。」

弘一法師認為：正在前行的人要始終保持從容樂觀的心態，在困難面前不低頭，在挫折面前從容面對。

許多人認為身體不好是一個不能克服的巨大障礙，但下面的故事會告訴大家一些道理。

在英國的一個小農場裏，生活著來恩一家人。

雖然來恩每天起早貪黑地工作，但仍然不能使農場生產出比他的家庭所需要的更多的產品。這樣的生活年復一年地過著，直到來恩老了、病了，臥床不起，幾乎失去了生活能力。

凡是認識他的人都確信，他將永遠成為一個失去自由和希望的病人，他不可能再為這個家做些什麼了。可是，來恩卻不這麼想，他的身體是不能動彈了，但是他的心態並沒有受到影響。他在思考、在計畫。他要用另一種方式供養他的家庭，他不想成為家庭的負擔。

他把他的計畫講給大家聽，他說：「我很遺憾，再也不能用我的身體勞動了，所以我決定用我的頭腦從事勞動。如果你們願意的話，你們每個人都可以代替我的手、腳和身體。我的計畫是把我們農場的每一畝地都種上玉米；再用所收的玉米餵豬；當我們的豬還幼小時，就把牠們宰掉，做成香腸，然後把香腸包裝起來，取一個我們自己的名字，送到零售店出售。」

他接著說道：「也許這種香腸會在全國熱銷糕點被出售。」

來恩說出了一句最成功的預言，幾年後，「來恩乳豬香腸」竟成了最能引起人們胃口的一種食品。來恩躺在床上，看到自己成了百萬富翁很高興，因為他是一個有用的人。

來恩以自己的經歷撰文，給那些因為生理殘障而絕望的患者，其中有這樣一句話：如果人生交給我們一個問題，它也會同時交給我們處理這個問題的能力，而絕不會使我們陷入窘境。每當我們受到阻礙不能正常地發揮我們的能力時，我們的能力就會隨之變化。即使你的身體處於一種極不好的狀態中，只要你的心態是好的，你仍然可以過著對社會有用的幸福生活。

身體有殘疾不是最可怕的，最可怕的和最危險的是一個人的心態失衡。一個各方面都健康的人，如果不能以「健康」的心態去面對生活，壞心態很容易將他打垮，就像下面故事中的保羅。

保羅有一個溫暖的家、溫柔的妻子和高薪的工作，然而他的情緒卻非常消沉。他總是感到呼吸急促、心跳加快、喉嚨也像長了什麼東西一樣有種梗塞感。醫生勸他在家休息，暫時不要工作。他反而認定自己身體某個部位有病，快要死了，甚至為自己選購了一塊墓地，並為他的葬禮作好了準備。

一段時間之後，並沒有更壞的事情發生，但是由於恐懼，他仍然心神不寧，體重驟減，甚至感到所有的病症更加明顯。這時他的醫生命令他到海邊去度假。

由於帶著心裏的死結，海濱之旅使他的恐懼感有增無減。一周後他回到家裏，開始靜等著死神降臨。

保羅的妻子將他送到一所有名的醫院進行全面的檢查。醫生笑著告訴他：

「你的身體壯得像頭牛，你的癥結是吸入了過多的氧氣。」

面對令保羅瞠目的診斷結果，他將信將疑地問：「我該怎麼辦呢？」醫生說：「當你再感覺到這種不適時，可以暫時屏住氣，或攏起雙手放到嘴前向掌心呼氣，也可以用這個。」

醫生遞給他一個紙袋，他便遵醫囑行事。結果他所有的症狀都不復存在了，離開醫院時他已是一個非常愉快的人。

由此可見：一個身體完全健康的人如果沒有良好的心態，整天疑神疑鬼，不但影響正常的工作，而且很可能毀了自己的生活。反之，一個身體雖然有某些缺陷，但自始至終擁有積極心態的人，不但自己生活充實，而且還能做出有益社會的事情。

6 真好，我還活著

突然不加思索地想起死，是不必要的，重要的是正視它、認識它，並接受死在一步一步接近我們的事實，卻又能平安、喜悅地活下去。

——弘一法師

活著，就是一場修行，一種希望，一種美麗的幸福。當你可以活著、笑著、哭著、吃著、睡著，真真實實的感受到生命的流動，你的存在就是一種幸福。

有一位作家曾經說過：「現在我只想每天管好吃飯、睡覺，並專心生活就夠了。」乍一聽這話，覺得這個人的追求太平凡了，毫無樂趣可言，但是仔細想想，他才是真正懂得生活的高人。現在的我們，每天工作忙碌，加班更是經常的事，吃飯常常叫外賣速食，等到閒下來的時候，又無所事事，發呆、上網、聊天打發時間，嘴裏還念叨著：「好無聊啊。」然後日子就這樣匆匆流逝了。

傳說有一次釋迦摩尼佛帶著弟子們遊行，走過一個鄉村的時候，看到村民們正在為一個亡者誦經超度。

有一個弟子感到很好奇，就問佛說：「世尊，像這樣虔誠的超度，真的會使亡者升天嗎？」

佛陀沒有回答，只是反問弟子們：「如果把一塊石頭丟進井裏，讓你們繞著那口井誦經希望石頭浮上來，你們說石頭真的會浮起來嗎？」

弟子們都肯定了石頭不會再浮起來。

佛陀說：「所以，你們才要珍惜每一天，享受每一天啊。好好覺悟修行，提升自己的內心修養。誦經只是一種虔誠祈禱和精神寄託的方式。真正能救時間的，只有自己。」

過去的已經過去，未來的誰也不知曉，唯有享受現在才是最實在。不要再虛度每一天、每一個小時了，也許一天中最美妙的事莫過於早上醒來，發現你自己還好好地活著！

抱怨不順心的事很容易，但要你注意平時熟視無睹的事卻很難。「真好，我還活著」的想法會讓你擺脫這種不平衡。你要做的就是學習「心懷感激」之道。但是你要在前一夜就做好準備。

記得，你完整而燦爛地活著，這是上天多麼好的饋贈！

【第十六章】

在方中做人，在圓中變通

做人行不可至極處，至極則無路可走，

言不可稱絕對，稱絕對則無理可言。

休言極樂苦難生，才說難生是障門。

佛力自能除業力，信根端可拔疑根。

當心靈自由時，不僅能控制想做的事，也能操縱不想做的事。

1 為人處世，通曉機變

世事變幻無常，沒有任何一個人能夠一帆風順地過一輩子，每個人在一生或都可能遇到障礙。其實，這些障礙都是因為我們的固執造成的。

——弘一法師

天降暴雨，人們紛紛逃生去了。然而，一位虔誠的居士卻在寺院裏祈禱，希望佛祖能夠救他。

洪水越來越猛，眼看就要淹到居士的膝蓋了，這時，遠處有一個人駕著舢板而來，對他說：「趕快上來吧，不然，洪水會把你吞沒的。」

居士不為所動，答道：「不，我相信佛祖一定會來救我的，你還是先去救別人吧！」

洪水還在繼續上漲，眼看已淹到居士的胸口了，此刻他只能站在祭壇上。不遠處，又有一個人駕著快艇駛過來，想要帶他離開險境，並對他說：「趕快上來吧，不然，洪水會把你吞沒的。」。

然而，居士仍然固執己見，答道：「不，我要守住我的佛堂，我深信佛祖一定會來救我的，你還是先去救別人吧！」

沒過多久，洪水已經快把整個佛堂給淹掉了。頭頂上傳來飛機飛過的聲音。飛行員丟下繩梯，對居士大聲說道：「這可是最後的機會了，快上來吧。」即使在這生死關頭，居士還是固執地說：「不，我要守住我的佛堂，我相信佛祖一定會來救我的，你還是先去救別人吧，佛祖會與我同在。」

結果，洪水沖了上來，居士被淹死了。

死後，居士來到佛祖面前，很委屈，並質問佛祖：「佛祖啊，我終生都奉獻給您，誠心誠意地侍奉您，為什麼您不肯救我？」

聽了他的話，佛祖答道：「我怎麼沒去救你，第一次，我派了舢板，你不要，我以為你是擔心不安全；第二次，我派了快艇，你還是不要；第三次，我以國賓的禮儀接待你，派直升機去救你，你還是不願意接受。所以，我以為你是急著要回到我身邊來，可以好好陪我。」

在這個故事裏，居士就是一個固執的人，對於他人的第一次援助，他拒絕了；第二次援助，他拒絕了；第三次援助，他還是堅持認爲佛祖會來救他而拒絕了。豈不知，這三次相救，都是佛祖的旨意。最終，固執的居士在一次次的拒絕中，丟掉了自己的性命。

當遇到前面道路上有一堵牆時，你是選擇往前撞，還是選擇一條合理的道路走下去呢？相信每個人都不會選擇往牆上撞，而是變通一下，選擇一條合理的道路。但是，在現實生活中，人們往往是不撞南牆不死心，撞了南牆還心不甘。

古時候，在一個村莊裏住著兩個青年，一個叫小山，一個叫小水。他們是村裏最要好的朋友。但由於居住在偏遠的鄉村裏，所以謀生也就不容易了。於是他們相約要到外地去做生意。

同時，他們把田地變賣了，帶著所有的財產和驢子開始遠行。

他們先來到一個生產麻布的地方。

小水對小山說：「在我們的故鄉，麻布是很值錢的東西，我們把所有的錢換取麻布，帶回故鄉，一定會有利潤的。」

小山同意了，於是，兩人就買了麻布並細心地將其捆綁在驢子背上。

然後，他們又來到一個生產毛皮的地方，這裏正好缺少麻布。

小水就對小山說：「毛皮在我們故鄉是更值錢的東西，我們把麻布賣了，換成毛皮，這樣不但我們的本錢收回了，返鄉後還有很高的利潤！」

小山卻說：「不行，我的麻布已經很安穩地捆在驢背上，搬上搬下多麻煩呀！」

於是，小水便將麻布全部換成毛皮，而且還多了一筆錢。小山依然還有一驢背的麻布。

他們繼續前行，來到一個生產藥材的地方。由於那裏天氣苦寒，正缺少毛皮和麻布，小水對小山說：「藥材在我們故鄉是更值錢的東西，你把麻布賣了，我把毛皮賣了，換成藥材帶回故鄉一定能賺大錢的。」

小山拍拍驢背上的麻布說：「不了，我的麻布已經很安穩地在驢背上了，何況走了這麼長的路，卸上卸下太麻煩了！」這次，小水又把皮毛全都換成了藥材，而且又賺了一筆錢。小山依然還有一驢背的麻布。

之後，他們倆又來到一個盛產黃金的地方，那裏雖然金礦滿地，卻是一個不毛之地，非常欠缺藥材，當然也缺少麻布。

小水就對小山說：「在這裏藥材和麻布的價錢很高，黃金很便宜，我們故鄉的黃金卻十分昂貴，我們把藥材和麻布換成黃金，這一輩子就不愁吃穿了。」

小山再次拒絕了：「不！我的麻布在驢背上很穩妥，我不想變來變去的。」

這次，小水又把藥材賣了，換成了黃金，而且還賺了一大筆錢，而小山依然還是守著一驢背的麻布。

最後，他們倆從外地回家了，小山雖然賣了麻布，但只得到蠅頭小利，和他辛苦的遠行不成比例。而小水則成為當地最大的富豪。

由此可見，小山和小水之所以有著不同的命運，是因爲小山固守死板，不懂得變通，直到撞了南牆還不知回頭，而小水則懂得變通，在不同的情況下，選擇不同的方法，從而成為當地最大的富豪。

在現實生活中，不管你覺察到沒有，不管你願不願意，每個人時時刻刻都在尋求著變通。但不同的是，善於變通的人越變越好，而不善於變通的人卻是越變越差。

因此，只有當人們掌握了變通之道，才能應對各種變化，才能在變化中尋找機會，在變化中取得成功。

弘一法師認為：在人生道路上，出現岔口的地方很多，只有勇於「換道」的人，才會在「山重水復疑無路」之後，迎來「柳暗花明又一村」的人生境界。聰明的人懂得，此處不留人，自有留人處。對於一個真正有能力的人來說，他們是不會吊死在一棵大樹上的，而會善於變通自己的思維，從而使自己從一個高峰攀登到另一個高峰。

2 以批評別人的心批評自己

一般人總見到他人的過失，假如能倒過頭來只觀察自己，以批評別人的心批評自己，那就是修行。

在日常生活中，任何喜怒動靜情況都可以檢點自己。

——弘一法師

古語有云：「花無百日紅，人無千樣好。」的確，人並非十全十美，每個人都有缺點，都有短處。因此我們應正視自身的弱點，並積極尋求克服缺點的方法。但是，並不是所有的短處都會暴露在我們的視角下，有一些則是被你身邊的人所發現，他們會有意無意地提醒你，督促你克服缺點。

管仲向齊桓公進諫：「宴安鴆毒，不可杯也。」

原來齊桓公愛姬甚多，常在後宮飲酒作樂，管仲見了很擔心，就把酒色比做鴆毒，勸誡齊桓公勿進醇酒婦人。

齊桓公毛病很多，由於有管仲輔佐治國，對管仲的批評也能接受，才使齊國成為春秋五霸之一。但到管仲去世後，就發生了變化。

管仲死前，齊桓公去看望他，並問他：「仲父病成這個樣子，有什麼話要和寡人說嗎？」

管仲勸他離易牙、豎刁、常之巫、衛啟方這些人遠點。

齊桓公說：「易牙把自己的寶貝兒子煮熟了讓我嘗鮮，這麼忠心耿耿的人還要懷疑嗎？」

管仲說：「人之常情，誰不疼愛自己的孩子？既然他可以忍心烹殺自己的兒子，那麼將來對你，還會有什麼不忍心的事情不能做呢？」

桓公又問道：「豎刁把自己閹了以親近寡人，這樣的人也要懷疑嗎？」

管仲回答道：「按人之常情來看，人沒有不愛惜自己身體的。能下狠心把身體弄殘了，那麼對國君又什麼下不得手的呢？」

桓公又問道：「常之巫知道人的生死，能治重病，這樣的人也要懷疑嗎？」

管仲回答道：「死生是有一定的；疾病是人體失常所致。主君不順其自然，守護根本，卻完全依賴於常之巫，那他將對國君無所不為了。」

桓公又問道：「衛公子啟方，侍奉寡人十五個年頭了，他父親死時都不肯離開寡人回去奔喪，這樣的人也要懷疑嗎？」

管仲回答道：「按人之常情來說，人沒有不愛自己生身父親的。他父親死了都不肯回去，那對國君又將如何呢？」

管仲死後，齊桓公剛開始時還記著管仲的勸告，將這些人趕出了宮外，可是非常不習慣沒有這些人的日子，便又將他們接回來了。

齊桓公將管仲的勸告置之腦後，重用易牙、豎刁等人，這些人投其所好，阿諛諂媚。齊桓公在他們的奉承下，上進心盡失，政治漸漸腐敗，他自己還覺得沒有不妥，說：「仲父的話是言過其實了。」

後來，齊桓公生病的時候，這幾個人一同叛亂。他們在齊桓公寢室四周築起一道圍牆，禁止任何人入內。

這時，桓公哭得鼻涕橫流，感慨道：「唉！還是聖人的眼光比我們遠大呀！若是死者地下有知，我還有什麼臉面去見仲父呢？」說罷，自己揚起衣袖捂住臉部，氣絕身亡，死在壽宮。屍首無人理睬，以致腐爛發臭，蛆蟲爬出門外，上面只蓋一張扇，三個月沒人安葬。從此，齊國的霸業也驟然衰落了。

齊桓公的死可以說是他自己一手造成的，他的悲劇提醒人們，如果聽不到批評意見，聽不進難以入耳的忠言，就認識不到錯誤，察覺不了災禍，無法提醒、鞭策自己，是件很危險的事；整天被讚揚的話包圍，讚美之詞不絕於耳，就像喝含有「鴆毒」的美酒一樣，聽多了就會喪失警覺，削弱自己發奮上進的精神，沉湎在自我陶醉的深淵中，積羽沉舟，最終毀了自己。

《周易‧小過》中有：「弗過，防之，從或戕之，凶。」意思是：沒有缺點也沒有過錯，而受到了批評，要預防不要再犯同類的錯誤就行了，盲從和頂撞都不好。沒有缺點也沒有過錯而受到了批評，那麼，今後行動要引起警惕，不要把別人的批評總是記在心裏。

弘一法師說：「有的人一聽到別人的批評意見，就覺得如芒在背，也不管批評的對與錯，便認爲批評者是存心跟自己過不去。『涵養』好一點的，是在『誠心接受』批評之後，念念不忘給批評者『穿小鞋』；『涵養』不好的，則免不了當場發作，與批評者針鋒相對。這樣時間長了，批評者就會變得『世故』起來，批評的聲音也會日益衰弱下去。」

這正應了孔子說的另一句話：「良藥苦口利於病，忠言逆耳利於行。」忠言大抵逆耳，不討人喜歡，讓人聽起來覺得不舒服，但尖銳的批評，衷心的勸告，實際上是愛護人的一種表現。著眼於「幫」，正如好藥往往味苦難吃，但能治病一樣。

3 君子有所為，有所不為

小時候我們看到陀螺旋轉時，常滿懷喜悅，因為我們感受到它內在的平衡。當心靈自由時，你不僅能控制你想做的事，也能操縱不想做的事。

——弘一法師

中國有句俗話叫做：有所爲而有所不爲；有所得就必有所失。人的精力是有限的，只有放棄一些事情不做，才能在別的一些事情上做出成績。所以，我們要學會審時度勢，懂得取捨，堅持值得堅持的，放棄或者暫時放棄某些無關緊要的事情。

有一個年輕人很有才華，但是事業卻發展得很不順利，於是，他去請教一位智者。智者見了他之後，並沒有給他講什麼人生道理，只是問他喜歡吃些什麼。然後請他大吃了一頓。

智者讓人擺了滿滿一桌子的山珍海味，都是年輕人愛吃的，有些更是只是耳聞，還從來都沒有機會嘗試過的美食。開始用餐時，年輕人揮動筷子，每個菜都不放過，想要全部都嘗盡，所以當用飯結束後，他吃得非常飽。

智者見他酒足飯飽了，就問他：「你吃的都是些什麼味道？」

年輕人摸了摸肚子，很為難地說：「太多了，哪裡還分得清楚。」

智者又問：「那你感覺吃得舒服嗎？」

年輕人答聽了一愣，訕訕道：「肚子撐脹，非常痛苦。」

智者笑了笑說道：「是啊！人的肚囊還真是有限啊！」

年輕看了看滿桌都只是淺嘗幾口的菜肴，頓時徹悟。

年輕人每一樣菜肴都不放過，所以他將自己撐得非常痛苦，但是他每一樣又都僅是淺嘗即止，所以每一樣都無法體會到其中的三味。這就好比是人生，人的一生會遇到太多美好的東西，但是我們不可能每一樣都去追逐，因爲我們沒有那個精力。

在日常的生活中，我們也會面臨許多的取捨，小到一件衣服、一雙鞋子、一份午餐的選擇，大到一份工作、一段感情。許多人都曾經在一份艱苦的工作中掙扎很久，或是在一段不適合自己的愛情面前徘徊不前。即使你知道這些並不適合你，但就是無法捨棄，無法從容地對它說再見。

毫無疑問地，在面臨取捨的時候，我們要學會思考，什麼該放棄，什麼不該放棄。爲了抓住那些該放棄的，有時反而會錯失了那些生命中最重要的東西。一次選擇是一次丟失，一次丟失也是一次獲得。

很多先哲都明白得失之間的關係。

柳下惠是魯國的大夫，曾任士師，三次被國君免官，可他卻不走。故此《魯論》上記載說：「柳下惠，擔任士師，三次被罷免。」

有人對他說：「你怎麼不離開魯國呢？」

他回答說：「正直清白地做官，到哪裡去不會被多次罷黜？沒有正義感地做官，那又何必離開自己的國家？」

孟子說：「柳下惠被免了官也沒有怨言，窮困了也不顯出可憐的樣子。」

柳下惠明白，要做一個清白正直的人，勢必會遭到邪惡勢力的嫉恨，而使自己的利益受到損失。但即便是個人利益遭受損失，也不能放棄自己的主張。他看重的是自身的修養，而並非一時一事的得與失。

所以說，你的取捨，很大一部分來源於你的世界觀和人生觀。

一個青年向富翁請教成功之道，富翁什麼都沒有回答，卻拿了三塊大小不等的西瓜放在青年面前。

富翁說：「如果每塊西瓜都代表一定的利益，你選哪塊？」

青年毫不猶豫地回答：「當然是最大的那塊！」

富翁笑了笑，把最大的那塊西瓜遞給青年，而自己卻吃起了最小的那塊。很快他就吃完了自己手上的那塊，隨後拿起桌上的最後一塊西瓜得意地在青年面前晃了晃，大口地吃了起來。

青年見此，立馬就明白了富翁的意思。雖然富翁吃的第一塊西瓜沒有他的大，但他吃完後，卻又占了第二塊。如果每塊代表一定程度的利益，那麼富翁占的利益自然比青年多。

吃完西瓜，富翁對青年說：「要想成功，就要學會放棄，只有放棄眼前利益，才能獲得長遠大利，這就是我的成功之道。」

人的一生就是一個選擇的過程，今天的放棄，正是爲了明天的得到。有時候貪大求全並不好，懂得取捨才是王道。假如一個人爲了一點眼前利益就不惜犧牲自己的人格和尊嚴，做出那些傷天害理的事情，他們哪裡還有臉去面對自己的親人和朋友?換另一個角度看，如果僅爲了滿足一時的欲望和快樂而置一生的名譽於不顧，這種做法明智嗎?這世上最可悲的事，就是一個人違背自己的良知和意志，去做他本不願做的事。

凡是能成就大事的人，當他們遇到重要的選擇時，一定會仔細地考慮：「我到底應該把精力放在哪一方面呢?怎麼做才能既不使我的品格、精力與體力受到損害，又能獲得最大的效益呢?」

孟子曰：「魚，我所欲也，熊掌，亦我所欲也；二者不可兼得，捨魚而取熊掌者也。

生，我所欲也，義，亦我所欲也；二者不可兼得，捨生而取義者也。」

魚，是我所想要的東西；熊掌，也是我所想要的東西，這兩種東西不能同時得到，我會捨棄魚而選取熊掌。生命也是我所想要的東西；道義，也是我所想要的東西，這兩樣東西不能同時得到，我會捨棄生命而選取道義。人的生命是有限的，在這個有限的時間內，我們應該做出理性的選擇，究竟什麼該擁有，什麼該放棄。只有當我們作出正確的選擇時，我們才會擁有正確的人生。

4 萬事須留三分餘地

做人行不可至極處，至極則無路可走；
言不可稱絕對，稱絕對則無理可言。
——弘一法師

戰國時期，楚莊王賞賜群臣一起共歡飲酒，由他的寵姬在旁作陪。日暮時分正當酒喝酣暢之際，突然燈燭被風吹滅了。這時，有一個人因垂涎美姬的美貌，加之飲酒過多，難於自控，便乘燭火熄滅之機，抓住了美姬的衣袖。

美姬一驚，奮力地掙脫，並順勢扯斷了那個人頭上的纓帶，還對楚莊王說一定要查明此事，嚴懲此人。

楚莊王聽後沉思片刻，心想：「賞賜大家喝酒，讓他們喝酒而失禮，這是我的過錯，怎麼能為女人的貞節辱沒將軍呢？」

於是，楚莊王命令左右的人說：「今天大家和我一起喝酒，如果不扯斷纓帶，說明他沒有盡歡。」

於是群臣們都扯斷了自己帽子上的纓帶，待掌燈以後，大家繼續熱情高漲地飲酒，一直飲到盡歡而散。

過了三年，楚國和晉國開始打仗，那個時候有一個臣子常常是沖在最前邊，帶領著軍隊一次一次地打退敵人，最後取得了勝利。

莊王感到驚奇，忍不住問他：「我平時對你並沒有特別的恩惠，你打仗時為何這樣賣力呢？」

臣子回答說：「我就是那天夜裏被扯斷了帽子上纓帶的人。」

正因為楚莊王給臣子留了餘地，才換來了下屬的忠心耿耿，這就是留餘地的精妙之處。

給別人留餘地，也就是給自己留餘地。留餘地的意思就是不把事情做絕，不把事情做到極點，於情不偏激，於理不過頭。在現代職場上，給別人留有餘地，也就等於給自己留了餘地。物極必反，否極泰來。

我國古代就有「處世須留餘地，責善切戒盡言」的說法。千萬不要讓所有的事情發展到極端的情況，在做事的過程中充分的認識到各種可能性，以便有足夠的條件和迴旋的餘地，主動採取積極的應付措施。

在和人交談時，一定要注意說話要留有餘地。

在交談中，若有需要讚美對方時，應注意措辭得當，注意分寸，讚美的目的在於使對方感覺到你真的對他（她）的欽佩，用空洞不切實際的溢美之詞，反會使對方感到你缺乏誠意。

就好比一名公關人員在熱情友好地接待了一位客人之後，得到了「你的接待真令人愉快，你的熱情給我留下了深刻印象」的一些評價，顯然比「你是一位全世界最熱情的人」的讚譽會入耳得多。

所以，即使是人們普遍樂意聽的稱讚也要適度，過分的討好、諂媚則近於肉麻。特別是對上級領導，在社交場合更不宜畢恭畢敬說些奉承話。對於那些晚輩或地位比較低的一些人，我們也不要用輕視、冷淡的口吻和他們說話。

在我們的現實生活中，很難可以做到不求人，但是也很難不被人所求，所以無論在什麼時候求別人幫忙辦事，答應為別人辦事，還是拒絕他人要求也好，都要隨時注意須把話說得留有餘地。此外，在各種場合，包括：表揚人、批評人，調解事端、解決衝突，應付尷尬局面，調息不滿情緒，乃至安排任務、彙報工作等，都應當留有餘地。唯有留有餘地，方能進退自如。

在說話的時候，或是在評論一件事的時候，應當實事求是，多從好的方面來看，但是也應看到壞的方面，切忌感情用事。喜歡起來，什麼都好，厭惡起來，一無是處。眼前不吃虧，將來必知禍從口出。把握好分寸，留有餘地，則自己進退自如。

做人處世，最好還是要留三分餘地，既給對方留下了一個寬鬆而自在的空間，同樣還給自己留了一條後路。人生需要留白，留三分與他人設想，尚存幾分善品嘗思量，才能感悟其中的滋味，淡薄而久長。

彈琴唱歌，餘音繞梁；贈人玫瑰，手留餘香。流水有迴旋的餘地，才會減少災難；江河有漲落的餘地，才不至氾濫成災。留有餘地，才能做到均衡、對稱、和諧。留有餘地，才能做到進退從容，屈伸任意。

5 歡樂和痛苦，就像手心和手背

事當快意處，須轉；言到快意時，須住。
殃咎之來，未有不始於快心者。
故君子得意而憂，逢喜而懼。
——弘一法師

弘一法師認爲，好事跟壞事一個是手背，一個是手心，它們是一體的兩面。如果好事能夠真丟掉開的話，那麼壞事來一樣可以丟開。一個人如果碰到煩惱、痛苦、逆境的時候丟不開，碰到好事也不可能丟得開。他說：「禪宗經常用一句話，放下，就是丟掉了。做了好事馬上須要丟掉，這是菩薩道；相反的，有痛苦的事情，也是要丟掉。」

一切事物都在不斷發展變化，好事與壞事，這矛盾的對立雙方，無不在一定的條件下，向各自的相反方向轉化。所以，我們要以發展的眼光去看待一切，「不以物喜，不以己悲」。

戰國時期，有一位老人名叫塞翁。他家中養了不少馬，有一天他突然發現少了一匹馬。鄰居們聽說此事後，都紛紛來安慰他不必太著急，年齡大了，多注意身體。塞翁見有人勸慰，笑笑說：「丟了一匹馬不一定是很大的損失，說不定還會給我帶來福氣呢。」

鄰居聽了塞翁的話，心裏都在暗笑。馬丟了，明明是件壞事，他卻認為也許是好事，顯然是自我安慰而已。可是過了沒幾天，那匹丟失的馬突然回家了，而且還帶回一匹駿馬。

鄰居聽說了此事，都十分佩服塞翁的預見，向塞翁道賀說：「還是您老有遠見，馬不僅沒有丟，還帶回一匹好馬，真是福氣呀！」

塞翁聽了鄰人的祝賀，臉上的笑容逐漸變僵硬了，憂慮地說：「白白得了一匹好馬，不一定是什麼福氣，也許會惹出什麼麻煩來。」

鄰居們以為他故作姿態純屬老年人的狡猾。心裏明明高興，有意不說出來。

塞翁有一個兒子，十分喜歡騎馬。他發現帶回來的那匹馬顧盼生姿，身長蹄大，嘶鳴嘹亮，剽悍神駿，一看就知道是匹好馬。他每天都騎馬出遊，心中洋洋得意。

一天，他高興得有些過火，打馬飛奔，一個趔趄，從馬背上跌下來，摔斷了腿。鄰居聽說，紛紛來慰問。

塞翁說：「沒什麼，腿摔斷了卻保住性命，這或許也是一種福氣呢。」鄰居們覺得他又在胡言亂語。孩子摔斷了腿他不但不憂慮，反而還認為是一種福氣，真是老糊塗啦！

過了一段時間，匈奴兵大舉入侵，青年人被應徵入伍，塞翁的兒子因為摔斷了腿，不能去當兵。入伍的青年都戰死了，唯有塞翁的兒子保全了性命。

在這一連串的變化中，塞翁到底該喜該悲？世事的變化是琢磨不透的，不該一味地喜或一味地悲，而要以辯證的長遠的眼光去看待前進道路上的不幸和挫折，不爲一時一事的好壞得失所迷惑，雖然暫時受到損失，但也可能因此得到好處；有時表面上看似一好事，但其中也會隱藏著不好的一面。

在面對挫折的時候，一定要保持看得開的心態，然後再「轉禍爲福」，若能做到這樣，生活中的苦惱將會減少很多。

認清福禍的轉化，從容自在地生活，人生中，有打擊、挫折、失敗，就會有幫助、成功和喜悅。對此，我們更應該以理性的心態來對待。也只有平靜地接納人生中的成功與失敗，我們才能真正體會到生命的苦辣酸甜！

6 以心對鏡，無怨無悔

休言極樂苦難生，才說難生是障門。
佛力自能除業力，信根端可拔疑根。
——弘一法師

有一次，懸空寺的方丈空若禪師給弟子們講了這樣一則寓言：

相傳在唐太宗貞觀年間，京城長安十分繁華，在京城的城西，有一家磨坊。磨坊裏有一匹馬和一頭驢子，牠們是好朋友，馬在外面拉東西，驢子在屋裏推磨。

貞觀三年，這匹馬被玄奘大師選中，出發經西域前往天竺取經，一去便是十七年。

當這匹馬跋山涉水地從遙遠的西域載著經書回到長安，到磨坊見到昔日的老朋友驢子時，老馬談起了這次旅途的經歷：

浩瀚無邊的沙漠，聳入雲霄的山嶺，淩峰的冰雪，熱海的波瀾……那些神話般的境界使驢子聽了極為驚異。

驢子嘆道：「你有多麼豐富的見聞啊！那麼遙遠的道路，我連想都不敢想。」

老馬感慨地說：「其實，我們跨過的距離大體相等。當我向西域前行的時候，你一步也沒停止，不同的是，我同玄奘大師有一個遙遠的目標，按照始終如一的方向前進，所以我們打開了一個廣闊的世界。而你被蒙住眼睛，一生圍著磨盤打轉，永遠走不出這個狹隘的天地。」

講完寓言，空若禪師對弟子們說道：「佛，就是要有佛的目標。」

所以弘一法師指出：「無論修行哪一種法門，都必須先具備信心，若信心不具足，在順境或逆境現前之時，就會產生問題了。否則，站在路上——不走，終無到家之日！」

新修版

弘一大師的超脫之學

作者：羅金
發行人：陳曉林
出版所：風雲時代出版股份有限公司
地址：10576台北市民生東路五段178號7樓之3
電話：(02) 2756-0949
傳真：(02) 2765-3799
執行主編：朱墨菲
美術設計：吳宗潔
業務總監：張瑋鳳

新版一刷：2025年10月
版權授權：馬峰
ISBN：978-626-7695-34-0

風雲書網：http://www.eastbooks.com.tw
官方部落格：http://eastbooks.pixnet.net/blog
Facebook：http://www.facebook.com/h7560949
E-mail：h7560949@ms15.hinet.net
劃撥帳號：12043291
戶名：風雲時代出版股份有限公司

風雲發行所：33373桃園市龜山區公西村2鄰復興街304巷96號
電話：(03) 318-1378
傳真：(03) 318-1378
法律顧問：永然法律事務所 李永然律師
北辰著作權事務所 蕭雄淋律師

行政院新聞局局版台業字第3595號 營利事業統一編號22759935

定價：440元

國家圖書館出版品預行編目資料

弘一大師的超脫之學 / 羅金著. -- 再版. -- 臺北市：風雲時代出版股份有限公司, 2025.09　面；　公分

ISBN 978-626-7695-34-0 (平裝)

1.CST: 佛教修持 2.CST: 生活指導

225.87　114009468